海南脱贫攻坚与乡村振兴
系列丛书

海南农村支部书记
工作案例集

HAINAN NONGCUN ZHIBU SHUJI
GONGZUO ANLIJI

主 编 曾纪军
副主编 杨 燕 蒋美玲

中国海洋大學出版社
CHINA OCEAN UNIVERSITY PRESS
·青岛·

图书在版编目（ＣＩＰ）数据

海南农村支部书记工作案例集 / 曾纪军主编. — 青
岛：中国海洋大学出版社，2020.4
　（海南脱贫攻坚与乡村振兴系列丛书）
　ISBN 978-7-5670-2543-1

　Ⅰ. ①海… Ⅱ. ①曾… Ⅲ. ①农村－干部工作－案例
－汇编－海南 Ⅳ. ①F325.4

中国版本图书馆 CIP 数据核字（2020）第 143249 号

出版发行	中国海洋大学出版社
社　　址	青岛市香港东路 23 号
邮政编码	266071
出 版 人	杨立敏
网　　址	http://pub.ouc.edu.cn
电子信箱	1922305382@qq.com
订购电话	0532-82032573（传真）
责任编辑	曾科文　陈　琦　　　　　　　　电　话　0898-31563611
印　　制	海南金永利彩色印刷有限公司
版　　次	2020 年 4 月第 1 版
印　　次	2020 年 4 月第 1 次印刷
成品尺寸	170 mm×240 mm
印　　张	12.25
字　　数	206 千
印　　数	1—6000
定　　价	48.00 元

发现印装质量问题，请致电 0898-66728019 调换。

《海南脱贫攻坚与乡村振兴系列丛书》
编写委员会名单

主　　任：吴慕君　　　孔令德

常务副主任：温　强

副　主　任：张君玉　　符成彦　　官业军　　尚世奇

　　　　　　曾纪军　　黄惠清　　莫少文

委　　员：（按姓氏笔画排序）

　　　　　　汤　倩　　孙铁玉　　杨　燕　　吴晓匀

　　　　　　胡献明　　蒋美玲

序

"小康不小康，关键看老乡，关键看贫困老乡能不能脱贫。"党的十八大以来，以习近平同志为核心的党中央把脱贫攻坚摆到治国理政的突出位置，实施精准扶贫精准脱贫基本方略，加大扶贫投入，创新扶贫方式，推动脱贫攻坚取得历史性成就和决定性进展，贫困人口从 2012 年年底的 9 899 万人减到 2019 年年底的 551 万人，贫困发生率由 10.2%降至 0.6%，连续 7 年每年减贫 1 000 万人以上，谱写了人类反贫困历史上的辉煌篇章。

海南省委、省政府深入贯彻落实习近平总书记关于扶贫工作的重要论述，把脱贫攻坚与乡村振兴作为海南全面深化改革开放、建设自由贸易试验区和中国特色自由贸易港的基础工作和第一民生工程抓牢抓实，把打赢脱贫攻坚战作为实施乡村振兴战略的优先任务强力推进，到 2019 年底全省贫困发生率降至 0.01%，提前一年基本完成脱贫任务，乡村振兴呈现新局面，为海南全面建成小康社会、加快建设自由贸易港打下了坚实基础。

习近平同志指出，办好农村的事，要靠好的带头人，靠一个好的基层党组织。海南坚持"五级书记一起抓"脱贫攻坚和乡村振兴，切实加强农村基层党组织建设，充分发挥驻村第一书记和乡村振兴工作队、驻村工作队的中坚作用，积极培育农村致富带头人，吸引乡村本土人才回流，为打赢脱贫攻坚战和实施乡村振兴战略提供坚强组织保障和人才保障。2018 年以来全省先后选派了 1 677 名驻村第一书记、2 758 支乡村振兴工作队和 8 583 名乡村振兴工作队员到农村工作。他们扑下身子，吃住在村，在广阔农村抛洒汗水、耕耘希望，取得累累硕果，为打赢脱贫攻坚战、实现乡村振兴做出了积极贡献。

　　《海南脱贫攻坚与乡村振兴系列丛书》，将奋战在海南脱贫攻坚与乡村振兴最前线的驻村第一书记、基层干部、农村致富带头人及其他优秀干部的事迹，以及帮扶工作、脱贫故事、致富经验等典型案例汇编成书，呈现扎根农村、开拓创新、自强不息、扶贫济困、共同富裕的思想与精神，展现驻村干部和基层干部的风采以及贫困群众精神面貌和生活状态的变化，总结提炼海南减贫模式、成效和经验，具有一定的纪实性、史料性、借鉴性与可复制性。希望通过系列案例集的编写，进一步讲好海南脱贫故事，以先进典型激励广大驻村干部、基层干部的积极性，激发广大农民群众的内生动力，鼓舞和动员全社会聚焦农村，形成推进脱贫攻坚与乡村振兴的强大合力，为加快建设海南自由贸易港做出新的贡献。

海南省委副书记　李军

2020 年 4 月 2 日

目 录 CONTENTS

·海口市·

不忘初心　牢记使命
全力以赴带领群众走向共同富裕
——石山镇施茶村党支部书记、村委会主任洪义乾

人物名片

　　洪义乾，男，1989年9月加入中国共产党，中专学历，石山镇施茶村党支部书记、村委会主任。曾获海口市2017年"五星级党组织书记"、海口市2017年"社会治安综合治理工作先进个人"、海口市2017年"海口好人榜"（上榜）、海口市"2015—2017年度精神文明建设先进工作者"、海口市"2013—2016年度优秀共产党员"、中共海南省委宣传部2017年"基层理论宣讲先进个人"等荣誉，且在2013年、2016年连续两届被选为海口市人大代表，2016年被选为海南省党代会代表，积极为基层建设献言献策。

村庄情况

　　施茶村位于海口市秀英区石山镇北部，是省级文明生态村和五星级美丽乡村。该村总户数 652 户，人口 3 116 人，辖有美社、儒黄、春藏、吴洪、博抚、美富、国群、官良 8 个村庄。该村总土地面积 1.5 万亩（1 亩≈666.67 平方米），其中坡地 1 137.05 亩，主要农作物为甘蔗和木薯。围绕农业产业结构调整，利用国家地质公园——火山口公园在该村界内的优势，种植反季节瓜菜，发展运输、服务业等，拓宽了农民收入渠道。

　　目前，全村因地制宜种植火山石斛 500 多亩，2017 年人均可支配收入达到 1.45 万元。2018 年 9 月 22 日，施茶村获评"中国幸福村"。

工作措施

廉洁奉公，忠于职守，树立良好的党员干部形象

　　洪义乾积极参加各种政治教育和党课学习，努力提高自身思想理论水平，自觉把共产党员的先进性要求落实到日常工作中，较好地发挥了一名党员的先锋模

范作用；廉洁奉公，忠于职守，带头践行"两学一做"要求；坚持党的群众路线，善于做群众工作，在党员群众中有较高威信。他多年负责点评指导干部、吸纳新党员的工作，严格遵守廉洁自律各项规章制度，做到政治清白、作风正派，体现了一个优秀共产党员的高风亮节，树立了良好的形象。

加强干群联系，带领群众增收，打造美丽乡村

刘赐贵书记在考察施茶村的时候说，党员干部需要与群众保持血肉联系，畅通同群众的沟通渠道，就好比人打通了经络才能"通则不痛"，才能扎实推进各项工作。

为了畅通和群众的沟通渠道，搭建干群交流重要桥梁，2014 年洪义乾建立了"施茶客栈"微信群，涵盖专家、记者、村干部、网友、村民等 300 多人，旨在让更多的人了解施茶、宣传施茶、帮助施茶。在这个平台上大家畅所欲言，出谋划策，为施茶的发展创造有利条件。2015 年，洪义乾又建立了"施茶村工作群"，得到干部群众的积极响应。现在危房改造、办社保的材料、村里的财务公开等内容，村干部都直接发到群里，村民家里遇到什么困难也可以直接在群里说……他先后建立了"施茶客栈""施茶党员之家""施茶村工作群"等 12 个服务群众的微信群，现在的施茶村几乎人人都会使用微信，施茶村"两委"干部的工作也已经离不开微信工作群。

完善基础设施，服务全域旅游，让村民吃上旅游饭

路通财通，这个道理施茶人一直明白。石山互联网农业小镇建设启动之初，施茶村党支部就决定将村里的小路拓宽，打造一条 20 千米的旅游便道。如今，这条便道串起了施茶村 8 个自然村、5 个火山口、9 个溶洞，每天慕名而来的游客可以骑着自行车穿行在两旁种满花草的旅游便道上，在火山村里游玩后，来到附近农家乐就餐、购买农产品，村民的收入年年提高。

创建文明生态村，扮靓村容村貌，营造宜居宜游环境

施茶村地处火山地区，火山地貌上覆盖着郁郁葱葱的热带植被，辖区内有闻名遐迩的 4A 级旅游景点火山口地质公园，环境优美，交通便利，地理条件得天独厚，环境优势就是最大资本。一直以来，洪义乾始终坚守一个信念："守住绿水青山，终归会守得云开见月明，迎来真正属于自己的发展机遇。"明确了自身

定位和发展规划后，洪义乾决定从环境整治和生态保护抓起，从 20 世纪 90 年代开始，就将文明生态村建设作为环境整治的总抓手，努力改变贫困面貌。但建设文明生态村要拆掉一些不符合村庄规划的院墙、猪栏，这在"寸土寸金"的当地农村，难度极大，没有一个村民愿意让出自家的一寸土地。洪义乾就带头拆院墙、拆房子，为村庄道路拓宽让出空间。这主动一拆，拆掉了群众的疑虑，越来越多的村民积极投工投劳，支持文明生态村建设。施茶村还通过制定村规民约，由村民理事会牵头负责，采取村民自筹一点、外出人口捐资一点、集体经济帮扶一点的做法，不仅解决了村里卫生保洁、垃圾收运经费不足的问题，还建立了卫生监督员、保洁员、农户"三位一体"的环境卫生工作长效管理机制。目前，施茶村下辖的美社、儒黄、春藏等 8 个自然村，均是文明生态村，连片创建效果十分明显。

修建家风家训馆，传承优良传统文化，为乡村振兴提供内在保证和动力源泉

十九大胜利召开后，习近平总书记多次谈家风，说的是"小家"，着眼的是"大家"。他说，"家庭是社会的基本细胞，是人生的第一所学校。不论时代发生多大变化，不论生活格局发生多大变化，我们都要重视家庭建设，注重家庭、注重家教、注重家风"。

施茶村的村名缘于明朝大学士丘濬，有一次他回乡经过石山一带连接府城与澄迈的官道中点时，所遇商客学子络绎不绝，但却前不着村后不着店，一片荒芜，炎炎烈日竟然找不到一碗水喝，于是他捐资在这里建起了一座凉亭，并雇人长期在此烧水施茶，普惠路人，故名"施茶亭"。时至今日，施茶村还保留着乐善好施、悦己利人、积德行善的优良传统。

洪义乾希望能够通过修建这个家风家训馆，促进广大农户的家风建设，让大家重温家风、涵养家风，以党风带家风，以家风促民风。如今施茶村村风文明，邻里和睦，村里治安很好，没有刑事案件。2015 年 5 月，美社村一位 80 多岁的痴呆老人走失，家属万分着急，关键时刻美社村党员干部自告奋勇，发动全村400 多人一起寻找失踪老人，经过全村群众两天接力式的寻找，终于在山上成功找到了失踪老人。这件感人事迹在媒体的传播下于椰城广为流传，成为美谈，美

社村"出入相友、守望相助"的精神也一时被传为佳话。

施茶村委会国群村村民王运吉的孩子王健宁患有先天性心脏病，在出生 4 个月时因为重症肺炎住进了海南省人民医院，为治好孩子，原本靠打工维持生活的家庭花光了所有积蓄。可是这远远不够，要想康复出院，还需要一大笔费用。病魔无情人有情，洪义乾得知此事后，发扬"马上就办，办就办好"的精神，立即组织"两委"干部发动干部党员、村民代表、人民群众、社会各界爱心人士捐款。大家积极响应，纷纷伸出援助之手，踊跃乐捐，奉献自己的一份爱心，最终帮助王运吉孩子渡过难关，让孩子回到父母的怀抱，健康成长。6 月 12 日至 16 日，仅仅五天时间，爱心人士通过网络筹款、微信平台捐助、村民乐捐等筹集善款方式，累计捐款 13.38 万余元。

结合火山特色，发展特色产业，让村民钱袋子鼓起来

结合当地火山特色，洪义乾采取"公司＋合作社＋农户"方式，带头建立 200 亩石斛园，大力发展具有高附加值的石斛特色产业。如今，金钗石斛已成为施茶村的"名片"，现估算每亩收益可达 12 万元，有效带动 120 多名村民就业。接下来将扩大种植规模，8 个自然村每村至少种 100 亩石斛。

2018 年 4 月 13 日，习近平总书记视察施茶村时表示，乡村振兴要靠产业，产业发展要有特色，要走出一条人无我有、科学发展、符合自身实际的道路。接下来，洪义乾计划带领党员干部把石斛园打造成"百花园"，种植具有经济价值、药用价值、观赏价值的植物，划分石斛种植区、观赏区，让石斛园成为游客观光基地；同时打造石斛全产业链，在出售石斛鲜条的基础上增加石斛饮片、石斛酒、石斛化妆品等延伸产业。

主要成效

目前施茶村已经有 8 家农家乐、11 家民宿，通过升级改造 20 千米旅游便道，串联 8 个文明生态村、4 个火山口、9 个火山溶洞，打造了涵盖火山石斛园、美社"互联网 +"、民宿、博抚红色根据地、美富家风家训、国群古村落、官良火山民俗馆、党群活动中心在内的"一村一品"美丽乡村。旅客到施茶旅游，可骑行、爬山、观景、采摘、住宿、吃农家饭、买农产品。

经验与启发

一是在思想上始终与党中央保持一致，坚持党的基本原则，拥护党和国家的路线、方针、政策，牢固树立并认真落实科学发展观，认真学习马列主义、毛泽东思想、邓小平理论、"三个代表"重要思想和习近平总书记的系列重要讲话。

二是建设美丽乡村，不仅要把环境和"面子"弄美，也要做好"里子"，发展特色产业，帮老百姓实现长远、可持续的增收致富。

团结村"两委" 成立合作社
形成社会扶贫大格局
——三江镇茄芮村党支部书记、村委会主任王琼

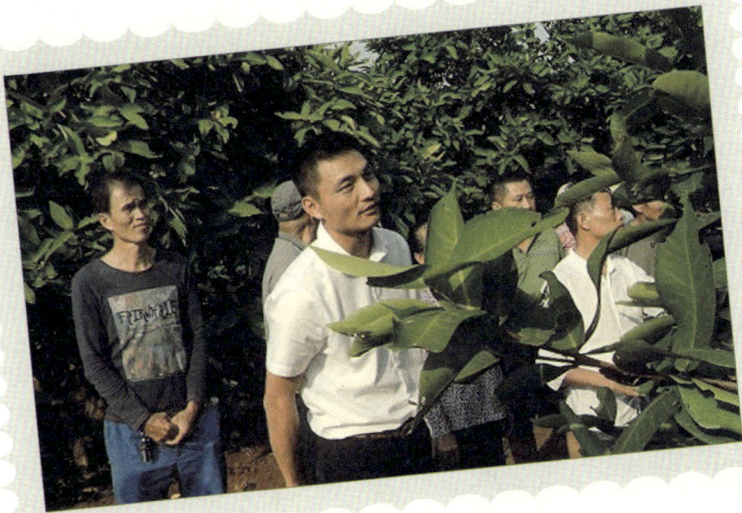

人物名片

　　王琼,男,中共党员,大专学历,现任美兰区三江镇茄芮村党支部书记、村委会主任,同时也是福宝红宝石莲雾种养专业合作社等 3 家农民经济合作组织的发起人。2017 年初,王琼被共青团中央、农业部授予第十届"全国农村青年致富带头人"荣誉称号,被共青团海南省委、省农业厅评为"2016 年海南省农村青年致富能人";2018 年被评为"五星级党组织书记"。

村庄情况

茄芮村隶属三江镇，位于三江镇北部，距镇墟 8 千米。东与道学村相邻，西、北面与演丰镇接壤，南与苏寻三村毗邻。茄芮村下设党支部和村委会 2 个机构，共有"两委"班子成员 9 人。党支部下设党小组 5 个，党员 85 人，其中，预备党员 1 人，新中国成立前的老党员 3 人。

村委会下辖 14 个村民小组，16 个自然村，现有贫困户 12 户 59 人。全村土地总面积 6.73 平方千米，耕地面积 291.6 公顷，农村道路四通八达，交通便利。改水率达 100%，改厕率达 85%，农电改造全面完成，适龄儿童入学率达 100%。经济以种植业和养殖业为主，建筑、运输业为辅。现种植水稻 3 000 余亩，专业养殖户 20 多家，其中 500 头以上规模养猪场 1 个、300 头以上规模养猪场 18 个、海水养殖 100 余亩。

工作措施

团结村"两委"班子，加强基层组织建设

2016 年以前，茄芮村党支部还是一个软弱涣散基层党组织。之所以"软弱涣散"，主要是干部问题。在第七届村级组织换届中，村支书和村主任竞争激烈，出现拉帮结派和拉票现象，造成"两委"班子不够协调，个别成员之间存在矛盾，影响了工作的顺利开展。2016 年 7 月，在第八届村级组织换届选举中，王琼被选为茄芮村党支部书记、村委会主任，实现了"一肩挑"。此后，王琼一直致力于班子团结，在基层组织建设方面做了许多工作。

一是加强学习理论知识，转变工作观念。以班子建设为重点，着重学习了党的十九大会议精神和省委七届、市委十三届、区委七届历次全会精神，认真开展

"两学一做"学习教育，让"两委"班子成员学习如何履行村干部职责、如何当好村干部，促进其整体素质的提升，全面提高其思想认识和工作能力。二是完善各项制度，促进工作规范化。在镇党委的指导下，王琼召开"两委"会议讨论完善村级管理各项制度，并加强制度学习和落实检查，对有关工作进行专题会议部署，促使干部认真履行职责，有力促进了村务工作规范化。三是建立良好干群关系，维护稳定。遗留问题多、矛盾纠纷多是软弱涣散党组织的共性。为此，在镇党委的牵头下，王琼团结村班子深入调查了解各方面情况，解决了山塘水库发包纠纷等群众矛盾问题，积极消除不良影响。此外，茄芮村班子坚持为群众办好事、办实事，努力解决群众反映强烈的农村低保、危房改造等突出问题，积极化解矛盾，全力维护茄芮村社会稳定。

成立农民合作社，带领群众脱贫致富

王琼从 16 岁开始走上社会，做过环卫工、足浴师、洗涤业务员。2005 年，开着 504 型大型拖拉机在省内各市县耕田，同年承包了海口市万盛洗涤厂。从此，迈出了人生创业的第一步。

2008 年，在三江镇委、镇政府的鼓励与支持下，王琼把洗涤厂搬回三江镇，注册成立海口森青江实业有限公司，开始了返乡创业历程。洗涤厂先后投入约

茄芮村委会组织生活会

400 万元，建筑面积 1 300 平方米，年营业额 360 多万元，利润 60 多万元。王琼不仅为自己积攒了财富，还为当地 60 多名村民提供了工作机会。

此后，王琼又自筹资金创办占地 100 亩的育肥养鸡场，同时引进海南永基公司合作销售，年利润 160 多万元。当年那个因贫弃学打工的 80 后小伙，凭着一股闯劲和韧劲，敏锐地抓住了农村发展机遇，立足家园创下实业，不但为家里盖了新房买了新车，还解决了部分乡亲的就业问题。

2013 年，29 岁的王琼被选举为茄苪村委会主任。次年，超强台风"威马逊"和强台风"海鸥"连续来袭，村里主要的经济作物橡胶树几乎全部被拦腰折断。面对一片残败，该怎么带领乡亲们重新站起来，并在避免返贫的同时富起来呢？作为村委会主任，王琼倍感责任重大。经过反复摸索调查，他把目光投向了莲雾市场。从目前掌握的情况看，在海口大面积种植红宝石莲雾的基地并不多，周边市县也缺乏大型种植基地，而这个品种的莲雾市场行情很好。按照生长规律，种植 3—5 年后，红宝石莲雾将迎来收成"黄金期"。

敢想就敢做的王琼，在取得镇委、镇政府的支持后，带领村干部开始动员村民调整产业结构，在村里种起了莲雾。经过反复地做思想工作，最终说服茄苪村委会福宝村民小组的 12 户村民成立了福宝红宝石莲雾种养专业合作社，整个基地由他个人投资进行开发建设，农户以土地入股，村民在基地里劳动可以拿工资，莲雾上市后还可以获得基地四成的利润分成。2016 年，在三江镇委、镇政府精准扶贫的号召和带动下，合作社开始接收精准扶贫户入股，年底给贫困户分红，让他们也能共享劳动成果，增加脱贫信心。可以说，这是真真正正的农民合作种植的农业基地。

目前基地已经整合土地 700 亩，不仅增加种植黑金刚莲雾，还套种南瓜、三红柚等林下作物，按照目前的市场估算，每年每亩收入为 5 万元，农户每年每户务工加分红的收入预计在 10 万元以上，可初步实现脱贫致富目标。

2017 年，在镇委、镇政府的指导和帮助下，王琼又组织成立了海口联影莲雾种养专业合作社，吸收全镇 132 户 509 人精准扶贫户和 29 户 31 人低保户入股分红。在合作社就业的也全都是精准扶贫户。不仅如此，合作社还为有意愿种植莲雾的贫困户提供种植技术培训、种苗培育、合作销售等服务。

接下来，他计划配合三江镇委、镇政府建设莲雾产业镇的目标，在现有 700 多亩莲雾的基础上，再整合 1 300 亩土地，把莲雾种植面积扩大到 2 000 亩，把三江莲雾产业做大、做强。另外，按照镇政府的计划，建立互联网农产品展示厅，把三江莲雾通过互联网推广出去，目标是做成三江莲雾品牌，让大家一提起莲雾就想到三江，一提到三江就想到莲雾，通过品牌辐射带动，让每家每户都能做起产业。

主要成效

通过加强组织建设，茄苪村"两委"班子开始从内耗转向团结协作，精神面貌明显改观，班子全体成员干劲较足，村内秩序稳定，各项工作有序开展。2018年茄苪村获评海口市 2017 年度"五星级基层党组织"。

通过成立合作社带动村经济发展，把全镇贫困户组织起来，形成明显的生产组织优势和经济带动优势，让扶贫的成效更加显著，茄芮村扶贫工作也因此成为三江镇扶贫领域的金字招牌。2017 年，5 户精准扶贫户从合作社分红 12 460 元。2018 年，茄芮村实现村民人均收入 12 665 元，2 户建档立卡贫困户成功脱贫。

经验与启发

加强基层党组织建设是关键

"农村富不富，关键看支部。"在当前的精准扶贫工作中，村一级帮扶责任人发挥主体作用不强，主要原因是农村基层组织作用发挥不力。农村基层党组织的强弱决定着精准扶贫的成效，这要求必须加强基层党组织建设。首先要加强基层党员队伍建设，积极发展培养经济能人、科技示范户、退伍军人、外出务工返乡人员等年轻、有文化、有见识的人入党，不断优化党员结构、壮大党员队伍；其次要加强党员教育培训力度，不仅仅是党性教育，还包括技能培训等。

要加强社会组织参与扶贫工作的机制建设，形成社会扶贫大格局

有关部门要制定政策，为社会力量、各类市场主体参与扶贫开发创造便利条件，如对企业可实施税收减免政策或给予项目冠名权等等，发挥企业等社会组织的作用，使企业为村级产业发展出谋划策，形成"公司＋农户"、第三方参与等扶贫新机制。此外，要探索多样化的扶贫方式，除工作队驻村帮扶之外，还应发展电商扶贫，动员本村在外工作的干部、企业家返乡帮扶，等等。

凝心聚力　种桑养蚕

——大致坡镇昌福村党支部书记、村委会主任何和铭

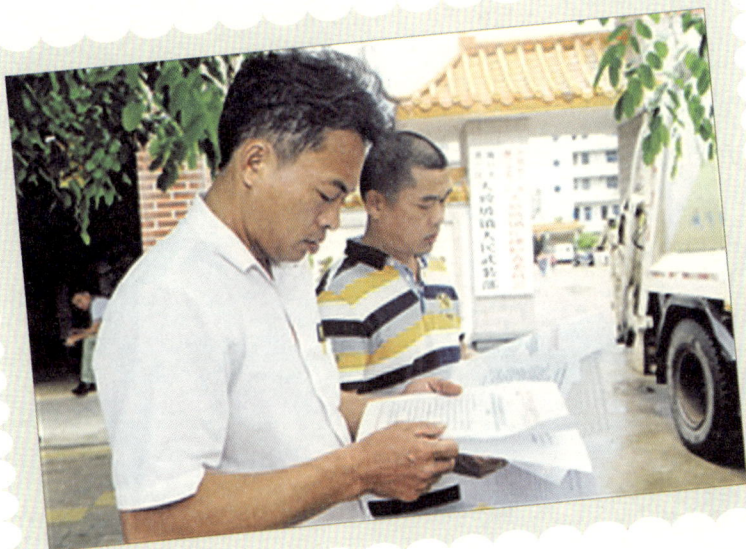

人物名片

　　何和铭，男，高中学历，2012年7月加入中国共产党。2011年8月至2016年8月担任大致坡镇昌福村大道湖村民小组组长，2016年8月进入大致坡镇昌福村"两委"班子，担任村党支部书记、村委会主任。

村庄情况

　　昌福村位于大致坡镇北部，距镇墟 6 千米，土地总面积 29 006 亩，其中耕地 4 929 亩、旱地 2 929 亩、林地 7 680 亩，土质以沙质土为主，兼有红土。全村下辖 33 个自然村，30 个村民小组，常住 729 户 3 502 人，劳动力约 1 800 人，占比 51.4%，本地农业生产人员 1 142 人，外出务工 658 人，农户收入以种植业、养殖业和运输业为主。村"两委"干部共 8 人，平均年龄 51 岁，党支委 6 人，村委会委员 7 人，交叉任职 5 人。包括驻村第一书记在内的驻村工作队 3 人。村党支部正式党员 80 人，其中女党员 16 人，预备党员 6 人。"十三五"期间脱贫户 60 户 224 人。低保户 18 户 35 人，特困人员 16 户 16 人，均已全部落实"三保障一扶持"。

工作措施

强化支部引领作用，"智志双扶"促脱贫

　　昌福村党支部在村党支部书记何和铭的引领下，深入学习贯彻习近平新时代中国特色社会主义思想、党的十九大精神和习总书记"4·13"重要讲话精神，以提升组织力为重点，突出政治功能，坚持党支部作为脱贫攻坚的主心骨，将党建主业与脱贫主责相统一，切实发挥好"党支部引路，党员带路"的"领头羊"作用，畅通脱贫攻坚"最后一公里"。村党支部不断推动"两学一做"学习教育制度化常态化，以开展"不忘初心、牢记使命"主题教育为契机，以"三会一课"管思想，设置脱贫攻坚岗位，加大村党支部 86 名党员对扶贫工作的责任意识，让党员愿履职、能履职、履好职，坚持党建工作"最大政绩"和脱贫攻坚"头等大事"同频共振。千方百计点燃贫困群众想富的心火，组织贫困户观看脱贫致富电视夜校栏目，学习各类种养技术知识，集思广益探讨各类致富途径。建立脱贫致富微讲坛，采取"先进"帮"后进"的方式，鼓励从贫困户中发展起来的种养

能手传授经验，不断增强贫困群众脱贫致富信心。同时通过"田教授"发挥模范作用，激发贫困群众的内生动力，2018年6月19日，美兰区委、区政府在昌福村委会大道湖村举办2018年产业扶贫现场会暨"田教授"证书颁发仪式，"田教授"、党支部书记何和铭现场给贫困群众开展教学。

改善村庄基础设施

何和铭在村任职期间积极对接政府、企业各方面的扶持力量，统筹整合各类涉农资金和社会帮扶资金，加强基础设施建设，改善村容村貌。村际主干道路满足硬化标准，2016年投入310万元用于硬化9个村庄入村道路5.183千米；2017年投入125.5万元硬化3个村庄20条巷道1.141千米，修建9条道路排水沟780米；2018年投入150万元硬化6个村庄道路2.707千米。投入144万元建设3宗农田水利。群众喝上符合卫生标准的饮用水，自来水普及率进一步提高。投入322万元用于建设9宗安全饮水工程，其中修建7口深水井及其配套设施；建造2座高水塔，有效解决1 300余人的饮水难和饮水安全问题。解决贫困村用电问题，实现户户通电。农村电网已经覆盖全部自然村，708户实现电表到户。

支部开网路，带领群众富

昌福村党支部在何和铭的带领下，与农户一起联手织"网"，建立1个电子商务服务站，配合镇党委在昌福村设立镇级电商扶贫中心，搭建农产品线上线下交易平台。通过网络将电商、贫困户和农副产品联系起来，培育本土特色农产品网销平台，将优质特色产品打包上线，扩大农产品销售量，增加贫困户收入，助力贫困户走上致富"快车道"。2018年5月，昌福村农户符致壮种植的60亩巴厘菠萝滞销，在上级党委的大力支持下，村党支部积极对接镇电商扶贫中心、永兴电商、海口市菜篮子集团，启动菠萝促销活动，线上线下相结合，多渠道化解销售难题，保障果农收入。

发挥党员模范作用，发展种桑养蚕产业

在村党支部书记何和铭的带领下，昌福村党支部充分研究本地自然资源禀赋，根据桑树耐旱、桑叶产量较高，适合在当地种植的特点，依托"党支部+合作社+贫困户"和"百企帮百村"共赢模式，引进种桑养蚕龙头企业，盘活撂荒地，带动农户大力发展桑蚕产业。

昌福星光种养专业合作社由8名村"两委"干部和13位乡贤农户发起创立，2017年10月24日正式挂牌，成员出资总额300万元。党支委成员发挥模范先锋作用，以5 000元为单位股资投资入社，带动全镇范围23户贫困户11.5万元金融扶贫资金入股，目前吸收了35户农户加入合作社。2017年12月，企业投资150余万元采购机械和整理荒地，种植200亩"抗青283"桑叶品种桑树。2018

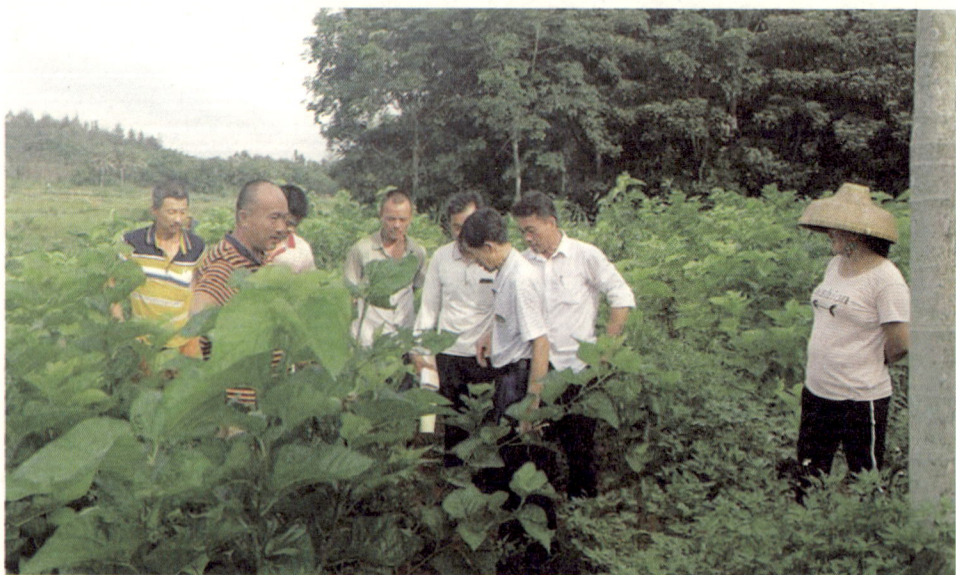

年 6 月 8 日，在桑树达到养蚕要求后，350 平方米的养蚕基地开始正式养蚕，半个月结茧销售至海南省蚕桑产业有限公司。7 月 14 日合作社向入股的 23 户脱贫户发放 2017 年度红利，每户 500 元，共计 1.15 万元。在此激励下，16 户脱贫户继续向农信社每人贷款 1 万元入股合作社，共计 16 万元。大致坡镇 189 户脱贫户 729 人也将自身的产业扶持资金入股合作社。合作社种植的桑苗收割期为 20 年，且抗台风能力强，最嫩的桑叶可作为绿色蔬菜以每斤 8 元的价格销售，蚕茧价格为每斤 20 元至 25 元不等，桑地每年每亩收益在 8 000 元左右。随着农户入股合作社热情的高涨以及产业收益不断显现，合作社计划三年内扩大桑树种植达到 1 000 亩规模和配套相应的养蚕基地。

主要成效

一是凝聚民心，激发群众干事创业激情。村党支部充分发挥党支部战斗堡垒作用、党员先锋模范作用，党员干部带头干带头上，增强群众脱贫致富信心。

二是通过群众参与，将撂荒多年的土地重新利用，带动群众重塑"勤劳致富"观，为营造良好家风助力。

三是发展种桑养蚕产业，提高农民收入，每亩每年为农户增收 8 000 元以上，带动 23 户贫困户和其他农户脱贫致富。

经验与启发

何和铭作为新任党支部书记，坚决贯彻上级党委各项工作部署，抓党建主业意识强，作风干练，雷厉风行，稳步推进党建标准化建设，抓党建促脱贫攻坚工作有成效，干事创业有激情、有思路、有干劲。在他的不断努力和奋斗下，昌福星光种养专业合作社作为扶贫基地已进入运营正轨，其本人作为大致坡镇的"田教授"，义务为贫困户发展种桑养蚕传经送宝，为日后大致坡镇地区发展桑蚕产业添砖加瓦。

·三亚市·

心系群众和村庄建设的好书记

——吉阳区六盘村党支部书记、村委会主任胡创俊

人 物 名 片

　　胡创俊，男，黎族，1981年2月生，2000年7月加入中国共产党，农村干部，大专学历，现任三亚市吉阳区六盘村党支部书记、村委会主任。

村庄情况

六盘村位于吉阳区亚龙湾旅游区的西南边，东至亚龙湾森林公园正门，西至亚龙湾西路口，南至亚龙湾森林公园东大门，北至亚龙湾海军部队基地。六盘村成立于1960年7月，辖区面积约0.178平方千米，辖区内有8个村民小组，分别是东方一村民小组、东方二村民小组、红色一村民小组、红色二村民小组、青梅村民小组、新村村民小组、新港村民小组、田甫村民小组，主要居住的是黎族群众，讲黎族方言。全村总户数620户，总人口3 419人，其中常住人口3 219人，流动人口大约200人，六盘村民以在亚龙湾旅游区务工和出海捕鱼为主要收入。

工作措施

殚精竭虑，多举措为村民提供便利

胡创俊作为六盘村党支部书记和村委会主任，心系村民，处处为村民着想。六盘村的文体场地和设施稀缺，为了提高群众的文化体育素质，2016年，胡创俊向吉阳区政府申请在六盘村建设了1个篮球场、2个排球场、1个卫生室、1个文体活动室和1个群众舞台。

六盘村部分山路不是水泥路，道路崎岖，常年坑洼不平，村民出行不便，万一山上出现火情，消防车都难以到达现场灭火。为了解决道路崎岖的问题，胡创俊第一时间向上级部门请示，要修建一条上山的硬板化公路。目前这条公路已经修建好，村民们再也不用担心上山难的问题了。

六盘村原先没有农贸市场，距离其他农贸市场又比较远，村民买菜不方便，为了解决村民买菜难的问题，胡创俊向吉阳区政府申请在六盘村建造一个菜市场以方便村民买菜。2016年，六盘村新菜市场建成使用，新菜市场的建成不仅拓宽了村民的就业途径，而且村民购物也更加方便了。

每年临近开学，胡创俊都要去拜访亚龙湾度假区内的酒店和企业，为村里考上大学的贫困学生募集助学金。几年下来，为六盘村考上大学的贫困学子募集的助学金近百万元，帮助困难学生近百人。

以身作则，发动村民参加三亚市"创文巩卫"工作

"创文巩卫"是三亚市的重点工作之一，是一个城市综合实力、发展水平、城市品位、文明程度和人民生活水平的集中体现。自此项工作开展以来，六盘村党支部书记胡创俊严格按照"创文巩卫"工作要求，一项一项抓落实。胡创俊带头研究制定了《六盘村"创文巩卫"工作方案》，为六盘村"创文巩卫"工作奠定基础。多次组织开展宣传活动，给村民发放相关宣传资料 2 000 多份，并进行耐心讲解；积极邀请相关医疗、卫生专家到六盘村开展讲座 7 次，传授健康知识。胡创俊书记经常组织党员、干部、群众参与六盘村的卫生大扫除活动，共组织 1 500 人次参与环境卫生整治，清理垃圾 2 500 多吨；实行"门前三包"责任制和网格员管理制度，开展"搬家式"大扫除活动 55 次，致力于解决村里脏乱差问题。胡创俊经常放弃休息时间，与联防队一起到公路上指挥和疏导车辆，保障交通顺畅。

勇当先锋，开拓新渠道建设美丽乡村

2018 年，六盘村被批准为美丽乡村建设村庄。胡创俊书记把六盘美丽乡村建设作为一项重要民生工程来抓。为了使六盘村早日建成美丽乡村，增加村民收入，提高村民生活水平，他召集十几个村民成立合伙制公司，在村里租用村民的土地建起 20 多间具有黎族特色的木屋商铺，出租给经营者。木屋商铺现已全部出租出去。由于毗邻亚龙湾旅游区，地理位置好，游客多，商铺经营者的生意非常好。公司收取经营者的租金并对木屋商铺进行统一管理，定期对入股的村民进行分红。

六盘美丽乡村项目目前处于一期建设中，不管工作多忙，胡创俊书记每天都要到村里检查村道、排污管道等基础设施修建情况，对项目建设过程中出现的问题，他都要过问、指导，并及时解决存在的问题。自美丽乡村建设工作启动以来，胡创俊始终奋战在一线，心系群众，心系六盘村的发展，以身作则，发挥了党员模范带头作用。

主要成效

提供基础条件，村民生活得到保障

六盘村文化体育设施的建成不仅丰富了群众的文化生活，也方便群众开展形式多样的文化体育活动。修建通往六盘村的硬板化公路，解决了多年来山路坑洼不平和存在消防安全隐患的问题，极大方便了村民上山和车辆进出。修建六盘村菜市场，解决了多年来商贩占道经营和随处乱丢垃圾的现象，改善了村容村貌，增加了就业机会，有效地解决了六盘村 3 000 多名村民的"菜篮子"问题，让老百姓真正得到了看得见摸得着的实惠。六盘村的贫困学子在胡创俊的关心和帮助下，不再为学费发愁，圆了大学梦，在自己理想的学府中放飞梦想。

开展"创文巩卫"工作，建成美丽新家园

胡创俊在"创文巩卫"工作上一直兢兢业业、埋头苦干，在他的带领下，六

盘村以前脏乱差的卫生环境经过常态化的整治后得到极大的改善；通过到公路上指挥和疏导车辆，保障道路交通顺畅，解决了拥堵问题。村容村貌焕然一新，"创文巩卫"的评分成绩一直排在全区前列。胡创俊以精干的工作作风、扎实有效的工作实绩，获得了上级领导的认可、赢得了群众的支持和称赞。

开展美丽乡村建设，提高村民生活水平

自六盘村开展美丽乡村建设以来，在胡创俊书记的带领下，依托亚龙湾国家旅游度假区的旅游资源和地理环境，充分挖掘与本村民风民俗相关内容，融入黎族文化元素，建设民族广场及黎族民宿，经营黎族织锦和餐饮，发展黎族多样化特色产业，让美丽的六盘村给市民、游客带来一个"古黎新韵，锦绣六盘"的新视觉、新感知、新印象，让村民真正享受到美丽乡村带来的红利。

经验与启发

要想成为群众信任的好书记，需要做到以下 4 点。

要有认真贯彻执行党的路线方针政策的思想

党在农村的各项方针政策，直接涉及农民的切身利益，能不能严格执行，是衡量村党支部书记党性强弱的一个重要标准。在执行政策、完成任务上，村党支部书记要坚持做到以下三点：一是坚持原则，要做到公开、公正、公平，政策面前人人平等；二是严守纪律，要不折不扣地执行政策，按时完成上级交给的各项任务，不允许各行其是；三是以身作则，不搞特殊化，要身体力行，为群众做出表率。

要有真心实意为民办实事的工作态度

提高群众收入、发展壮大村集体经济不仅是一个经济问题，更是一个重要的政治问题。许多地方在村集体经济发展上存在不少困难。大多数村经济薄弱，村"两委"班子想干事但缺少必要的物质基础。要想成为一名好的村党支部书记，思想必须开放，同时要有想法、有号召力、有凝聚力、有战斗

力、有执行力，还要有一颗真诚为民办实事的心。

要有把党员群众拧成一根绳的决心

发挥党支部战斗堡垒作用，充分调动干部和群众的积极性，形成强大合力，使群众和党支部心往一处想，劲往一处使。只有努力贴近基层干部群众，做群众的贴心人，用党心凝聚民心，才能使干部群众相信党、依靠党、跟党走。要深入群众，多听群众诉求，真正了解群众需要什么。

要有"带头、严己、实干"的工作精神

一是带头担责，不能辜负大家的一片心意，要勇敢地挑起这副担子。二是严于律己，要求别人不做的自己首先不做，要求别人做到的自己首先做到，这样才有说服力。三是实干，在工作中要有"不干则已，干就干好"的精神，坚持"话说到，路跑到，心尽到，能办的事一定办到"。这样才会得到党员和群众的认可、拥护、支持。

强堡垒　兴产业　党群共建新农村
——天涯区梅村村党总支书记、村委会主任董永勤

人 物 名 片

　　董永勤，男，黎族，中共党员，大专学历。2013年7月至2016年8月任梅村村党支部书记，2016年8月至今任梅村村党总支书记、村委会主任。

村庄情况

梅村村位于三亚市凤凰机场西北侧，辖区面积约 28 平方千米，其中耕地 3 平方千米，林地 14 平方千米，由 9 个自然村 14 个村小组组成，共 950 户 4 380 人。全村以种植瓜菜及芒果、香蕉、哈密瓜、火龙果等热带水果为主，近几年来，在董永勤的带领下，哈密瓜产业日益壮大，加上其价格走俏，村民收入日渐增多。

工作措施

2015 年 1 月三亚市撤镇设区，城市管理步入了"扁平化"管理模式，这一变化使村（社区）一级管理强度增大，村（社区）承担的事务愈加繁重和复杂，村（社区）人手不足，公共管理服务陷入被动，粗放式发展等问题日益突出。面对一系列新矛盾，梅村村党总支书记、村委会主任董永勤从加强基层党组织建设出发，以"抓党建惠民生"工作为抓手，以"创文巩卫"、深化开展社会文明大行动和项目推进等为平台，回应群众关切、满足群众诉求，不断夯实村级党组织的战斗堡垒作用和充分发挥党员先锋作用，牢固树立起党组织的威望。

扛起主责主业，从严从实抓好党建工作

董永勤在工作中牢固树立起了"抓好党建就是最大的政绩"的思想，高度重视党建工作，始终把推进党建工作放在首位，把推进"两学一做"学习教育常态化制度化和学习党的十九大精神相结合，围绕"学"和"做"下功夫。配齐 101 名党员学习笔记，根据区委要求不断更新、完善学习资料，转变多年来党员从"听会"到"听课"的转变。积极谋求更为有实效性的学习方式，不断提升党员党性修养。比如创新开展"出声"学习活动，把诵读党章纳入开展党员活动日的

"必修"内容，扭转了长期以来只有村党组织书记或者班子成员宣读文件学习的被动局面，在打开每名党员喉咙的同时，也进一步强化党员在树立"四个意识"和坚定"四个自信"的基础上勇当先锋、做好表率。

用理论武装头脑，实践检验成效

梅村村以党的十九大精神为引领，运用"创文巩卫"工作平台，充分发挥党员的先锋模范作用和党组织战斗堡垒作用，并取得了一定的成绩。2017年李向荣、陈政好、罗战强、蓝爱鲜4户家庭获得"三亚市文明卫生标兵户"称号，自然村大保村（保一小组、保二小组、保三小组）荣获"三亚市文明卫生村"称号；2018年6月梅村村荣获市级"2018年度卫生村"称号，同时梅村村"创文巩卫"工作先后被三亚多家主流媒体宣传报道。与此同时梅村村还作为三亚市园林环卫局村级"创文巩卫"工作和创建文明卫生村观摩点，并成功举办了全市城乡环境综合整治观摩现场会。"创文巩卫"工作以来，梅村村党员始终坚守在"创文巩卫"工作的最前沿，专挑重活、累活，已经成为梅村担当的缩影。通过推进这一重点工作，进一步扩宽干群"连心桥"，"党员"身份已经成为群众身边的正能量品牌。

抓集体经济，富民强村

经济基础决定村庄发展好坏与快慢，董永勤把发展壮大集体经济作为抓党建的初衷。以"美丽乡村"建设为抓手，稳步推进村庄的建设工作，同时把理顺和解决历史遗留问题当作自己的职责。土地"三过"问题和拒缴土地承包金是村集体收入的"拦路虎"，解决好承包户和村集体的利益关系靠的是智慧和谋略。董永勤通过和租户沟通，运用法律知识和他们摆事实讲道理，最终2户承包户和村委会重新签订了合同，3户主动上交了土地租金，村委会年增加收益14万元。积极主动请示上级部门，成功丈量多年来与李华其的纠纷土地，明确了土地"四至"，为解决纠纷问题打下基础。

发挥带头人作用，引领村民共同致富

1994年董永勤刚从学校毕业回来，看到周边的村庄通过发展高效农业，村民的日子过得非常红火，而本村的村民却依然守着丰富的自然资源和区位优势，过着贫困的生活，心里很不是滋味。在仔细考察本村的资源和外面的市场后，董永勤看到哈密瓜有很大的销售市场，再加上瓜本身产量稳定，大规模种植产生的利润非常可观。经过深思熟虑，董永勤开始在自家的田地实验种植哈密瓜，也成了梅村村第一个种植哈密瓜的人。在他的带领下，截至目前全村共有11个合作社，除了种植业外还发展养殖业，合作社的发展也从单一种植转向多元发展，比如梅村村党员黎明的养殖合作社（养蛋鸡）、吕明忠合作社（养殖老鼠猪）等。2017年董永勤在梅村村田洋承包100多亩土地种植哈密瓜，直接带动50名村民就业，产值200万元左右。

谋划党员"1+5"帮带制度，做好"创文巩卫"工作

2016年年底开始，梅村村进入了"创文巩卫"工作，工作伊始村民极不理解和不支持，董永勤就主动入户走访做村民工作，同时每天下午召开"两委"班子会议，研究工作推进中存在的困难和问题，协商解决办法。刚开始都是村干部带头干，村民边看边冷嘲热讽说是村干部在作秀摆拍，干不了几天。面对这些嘲讽，董永勤以身作则，每天坚持下村巡查并和小组组长一起开展公共区域环境卫

生整治工作。经过一个月的努力，14个村小组文化室和小组村环道公共区域的环境卫生得到了显著改善，村民的质疑声音逐渐消失，支持和宣传该工作的村民日益增多。

为进一步开展好卫生整治，做好"门前三包"，董永勤主动制定党员"1+5"帮带制度，从村干部、党员这个关键少数抓起，党员在做好自家庭院卫生的基础上帮带5户村民，监督和帮助村民做好环境卫生整治工作。从此梅村村的"创文巩卫"工作也从之前的村干部自己干转为村民主动参加。

根据村民存在的困难，董永勤积极和上级部门反映，请求帮助解决。保三小组村民李某因生活条件相对困难，住宅老旧，因此整治热情不高，不愿意配合清理工作。针对该情况，董永勤争取对他家屋外立面进行美化，并计划帮助其申报危房改造指标，使其整治热情高涨，主动配合庭院的卫生整治。家禽圈养工作是此次"创文巩卫"工作的重要一环，针对村民禽畜散养造成牛粪鸡粪遍地的问题，他们先是督促保洁公司和村民加强清理打扫，但未能解决根本问题。后来董永勤在"两委"班子会议上，提议帮助村民建设牛圈鸡笼，最终解决了这个问题。

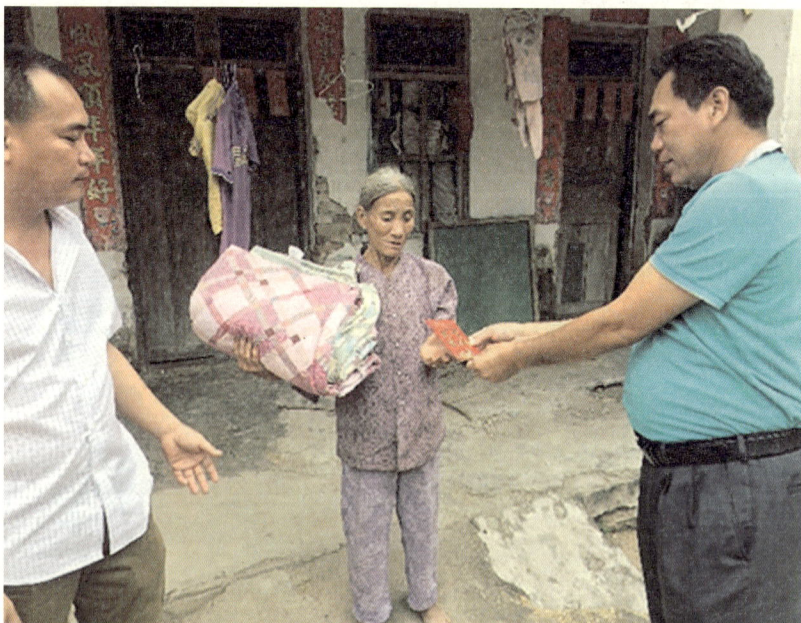

主要成效

村干部工作得到广大干部群众的拥护，进一步激发了党员干部工作的积极性

"创文巩卫"工作拉近了村干部和群众的距离，干群关系进一步好转，牢固树立起了党组织权威和威望。村民高卫星说道，担任小组组长十几年来，"创文巩卫"工作村民的参与率是空前的，发动的效果和整治的成效前所未有。

探索建立帮带制度，发挥党员先锋模范作用

让党员找到归属感，让村民看到党员的先锋性，是一个党组织强弱的具体体现。通过建立"1+5"帮带制度，党员联系群众，一方面可以引领村民，另一方面对党员也是一种监督，有双向互动、互为促进的效果。党员蓝文兴说，以前党员未能亮身份，自己也不好意思去督促和帮带村民，现在这一帮带制度已经变成党员的义务。

坚持在一线发现和吸收优秀青年入党，夯实党组织基础

在开展工作中，把积极落实区委、区政府和村委会工作的青年纳入入党积极分子培养对象，在一线锻炼和培养年轻人。2018年成功吸收和发展一名在"创文巩卫"工作中表现优秀的村小组组长为预备党员。通过树立正确的选人导向，听从党组织安排和服从党组织工作日益成为党员、村民的共识。

经验与启发

从我做起，树形象

基层工作者是直接接触群众、解决群众所需的身边人，也是党光辉形象最生动诠释的具体人。村干部要始终干在实处，用行动和经得起时间检验的成果，让群众信服。

党员帮带要久久为功，不能只走过场

党员帮带制度从建立到执行，这一系列的环节都需监督。监督可以在执行中不断优化完善，从帮带 5 户到全村铺开，梅村村党总支制定了一系列的措施办法。第一就是强化班子的带头意识，坚持把自家卫生工作做好，在项目推进中优先安排村干部带头。比如在南方航空项目征地中，支委班子成员董志强和苏林率先第一个丈量自家土地和房屋。第二就是落实责任。明确自己的网格区域和帮带范围，管辖区域的全部责任由村干部承担。

谋新求实，方有成效

在新时代下，我们要紧紧围绕"学"的方式，在"做"的成效上下功夫，才能勇当先锋、做好表率。"出声"朗读，配齐"装备"，这样才能在学有所成这条路上踏出"脚印"。

不舍昼夜勇担当　致力脱贫暖民心

——大成镇推赛村党支部书记、村委会主任符毅隆

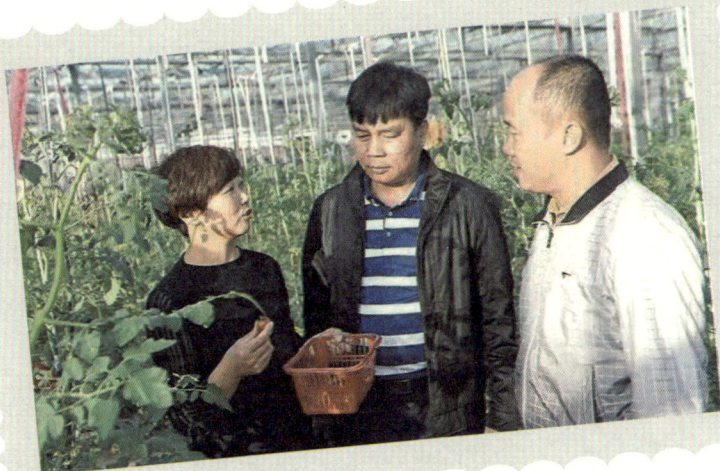

人物名片

　　符毅隆，男，中共党员。2010年进入村委会工作，因工作表现优异，于2013年被推选为大成镇推赛村党支部书记、村委会主任。

村庄情况

推赛村是大成镇的一个行政村，下辖 15 个自然村，总人口 503 户 2 879 人，总面积约 0.6 平方千米。主要收入来源为橡胶、水稻等传统产业，是儋州市重点整村推进贫困村之一。

工作措施

盯基层党建，睦党群关系

由于工作业绩突出，踏实肯干，符毅隆于 2013 年被推选为推赛村委会党支部书记。面对整村推进扶贫重任，符毅隆深刻认识到，以往的工作虽然卖命，但收效不明显，最根本的原因仍在于基层党建工作薄弱。

自任党支部书记以来，他就注重强化党员队伍建设。大力开展"设岗定责"活动，积极设定党员志愿服务岗位，引导党员根据自身实际和个人特长进行认岗，发挥党员作用，并且强化考核导向，将这些内容纳入民主评议和后备干部考核范围，大大激发了党员工作积极性。同时，按照"控制总量、优化结构、提高质量、发挥作用"十六字方针，认真做好党员发展工作。不断地从基层优秀青年、大中专毕业生、生产一线和妇女中发展党员，不断改善党员结构，壮大党员队伍，增强党组织的生命力和战斗力，为党组织输送新鲜血液，人员的强化给村委会带来了可喜变化。不仅如此，符毅隆还主动要求配置完善党员活动室，并通过制订严格的学习计划，开展班子成员集中学、领导帮带学，重点学习党的十九大精神，以习近平总书记新时代中国特色社会主义思想武装头脑，提高班子成员思想认识和服务意识。坚持上党课制度，充分发挥远程教育功能等途径，积极开展党员培训，努力提高党员干部的思想政治素质和致富能力。

一心为民办实事

对于农民群众来说，喊十句口号，不如做一件实事。在为群众办实事上，不能轻易承诺，而一旦做了承诺，就一定要实现。自上任以来，符毅隆始终情为民所系，利为民所谋，把带领广大农民群众脱贫致富，促进本地经济发展，为民办实事作为村党支部的重要议事日程。

（一）全力推进南吉村黄皮产业发展

南吉村是推赛村委会的一个自然村，村内盛产品质上佳的黄皮，并存有两片极为罕见的百年黄皮园。但因地处偏僻，交通不便，多年来，村民进出集市仅靠一条狭窄的土路。2014 年以前这个村子鲜有人知，村民的经济收入以橡胶为主，橡胶价格低迷时，村年人均纯收入仅 2 000 多元。村民种植的黄皮基本上自产自销，每斤 1 元—2 元的价格都很难销售出去，未能形成规模化产业。2016 年以来，响应市委、市政府关于发展黄皮产业的部署，符毅隆率领班子成员积极学习镇政府传达的文件精神，根据文件指示对南吉村百年积淀下来的黄皮文化进行挖掘。除了对南吉村的环境进行整治提升外，还对百年黄皮园进行了初步的修整，并规划建设黄皮良种培育基地。

　　符毅隆带领村党支部积极响应镇政府部署，大力配合镇政府，发动群众开展道路修建、种苗培育的工作。在短短的 29 天内，实现入村道路全部硬化完工，为南吉村民开辟了一条"黄金道"。几个月来，他几乎每天奔走在村间田陌，头顶烈日、风雨无阻，协助镇工作人员开展各项工作。有些村民对修路抱有疑虑，符毅隆挨家挨户做村民修路思想工作，为村民们谋划黄皮发展的蓝图，村民们被他的坚持和诚恳打动，纷纷支持道路修建。与此同时符毅隆还发挥群众力量，组织群众整理灌木开道，查看施工进度，为施工队提供各种支持，安排黄皮种苗培育，分发鸡苗饲养……这些都得益于符毅隆在平日工作里和村民打交道，在调查上做功夫，村里的情况他都能知道得一清二楚。几个月下来，原本结实的汉子，晒得黝黑清瘦。"只要村民能修一条好路，能够让我们村早日摘掉贫困的帽子，我流点汗又算什么呢？"被问及辛不辛苦，符毅隆只是憨厚一笑。

　　在多方努力下，南吉村硬化入村路、环村路 1.6 千米，村内巷道 600 多米，百年黄皮园游园小径 700 米。原本杂草丛生、泥泞不堪的土路不见了，取而代之的是崭新笔直的水泥路，一条条美丽的园林小径蜿蜒在黄皮林间。解决了数百年来南吉村村民出行难题，也激起了南吉人民对黄皮产业的殷切期盼。

　　现如今，南吉村黄皮价格也由以往的每斤几元钱上涨到了每斤十五六元，村民收入稳步增长。每年进入 6 月的采摘期，南吉村里就十分热闹。2016 年，可供游客采摘的黄皮树有 150 多亩。村民们都十分繁忙，有谈订单的，有预约采摘的，有接游客的，而较远的有两广、江浙、北京一带来的客人。"游客接二连三地到村里来，我们十分忙碌。"符毅隆满意地说。村民们更是乐开了花，靠着种植黄皮，过上了幸福的生活，有的楼房已经盖好，有的正在施工。一栋栋漂亮的新楼房不时出现在眼前，"我们村里的楼能建成，多亏了我们书记和村委会干部们，这些楼可都是黄皮带给我们的，都是'黄皮楼'。"村民符树武很是骄傲地说。推赛村村民符在文感慨地说："今年来，我就是通过种黄皮和经营农家乐，才觉得日子过得有盼头，以后我还要不断扩大规模，提高效益，争取带动其他贫困户一起增收致富！"贫困户陈润崇自家的 1 亩黄皮开始进入丰产期，销路不错，他赚了 2 万多元。为了早日脱贫，他在政府帮扶下又种植了10 亩黄皮苗。他乐呵呵地说："党的政策越来越好，今后我们的日子会越过越红火！"

符毅隆面对黄皮产业带来的硕果仍不觉满足，他说，今后他们要把黄皮做出品牌，做出特色，现如今他们已经自行研发了黄皮鸡、黄皮蜜、黄皮茶等特色黄皮产品，下一步，将依托美丽乡村引进公司着力打造南吉村特色黄皮产业，形成"公司 + 农户"的模式，一年更比一年好，一年要比一年收益高。相信这些美好的愿景都会在这位踏实肯干、一心为民的好书记的努力下成为现实。

(二) 想群众所想，忧群众所忧

2016 年 10 月 21 日，超强台风"莎莉嘉"过后，大成镇推赛村委会旁散落着被台风肆虐过后倒在地上的树木枝干。推赛村委会下辖的自然村广好村的竹狸扶贫养殖棚内，22 户扶贫户的 968 只竹狸一只未少。在扶贫户的精心照料下，一只只肥硕的竹狸正在啃食竹子。养殖棚外"深沟高垒"将养殖棚圈了起来，养殖棚屋顶上，一层层遮阳油纸将养殖棚包裹得严严实实。

是谁出的妙招让竹狸们幸免于难？原来在"莎莉嘉"到来之前，符毅隆就带着党员干部齐心协力来挖出一条条排水通水的壕沟。"不然受台风影响，养殖棚内肯定要进水了。"贫困户符照贤心有余悸地说道。

推赛村委会下辖的广好村人均土地少，土地类型多为旱田，原始的耕种方式不适合当地村民经济发展，符毅隆在担任村党支部书记之后，率领班子成员进行细致的入户调查，一来了解当地群众的帮扶意愿，二来在调查的过程中了解哪种扶贫产业更加适合当地村民。经过一系列的前期工作，符毅隆了解到广好村竹子资源丰富，而竹狸养殖的主要饲料就是竹子，贫困户在饲养竹狸的过程中可以就地取材，减少养殖成本，同时兼顾其他种养业。竹狸生长周期短，仅8个月就能出圈上市，加上近年来，镇政府大力推行"特色产业＋农户"的发展模式，竹狸的销路不愁，都会有收购商进行收购。符毅隆在经过前期的调查工作后随即与班子成员召开会议讨论，一致同意将养殖竹狸作为广好村脱贫的重要途径。

正当贫困户们满怀希望地将竹狸苗投入养殖不到一个月的时间，超强台风即将来袭的信息不禁让贫困户们寝食难安，也让符毅隆十分担心。经过一致决议，符毅隆率领村委会全体工作人员赶在台风来临之前扛起锄头、带着刨沟的工具前往养殖竹狸的贫困户家周边挖好排水沟渠，而这一道道排水沟渠在台风来袭的过程中发挥了至关重要的作用，成为守护贫困户竹狸养殖棚的坚强防线。

主要成效

在符毅隆的带领下，推赛村党支部注重发扬民主、走群众路线的作风建设。凡是重大决策都要召开群众代表大会和党员大会讨论，实行村务公开。支部成员廉洁自律，坚持与腐败现象做斗争，做到了不吃、不拿、不要，保持支部班子队伍的纯洁，在人民群众中树立了良好的形象，凝聚了力量，焕发了勃勃生机。这为后来做好群众工作奠定了扎实的基础。

曾几何时，南古村这个只有36户人家的偏远小村，摇身一变，靠着一棵300年的"海南黄皮王"、一个8亩的百年黄皮园和一个6亩的黄皮采摘园声名远扬。2017年端午节前夕，南吉村黄皮成熟时，迎来了大量游客。岛内外不少游客慕名而来，摘黄皮、吃黄皮鸡。端午节前一天，南吉村打包好的180箱（10斤装）黄皮被抢购一空，没抢到货的游客纷纷进入果园，自己动手采摘。符毅隆忙得不可开交。他既要充当导游向来客介绍本村黄皮特点，又要忙不迭地接听黄皮订购电话，他的微信昵称也很接地气地改成了"百年黄皮园欢迎您"。

经验与启发

作为村党组织带头人，就是要建强建好农村基层党组织，坚持抓党建促发展，以坚强的战斗堡垒凝聚群众，大胆闯、大胆试，发展特色产业，以产业发展带领群众致富，推动乡村振兴。作为村党组织带头人，就是要把群众的所思所想放在心中，能站在群众立场想问题，换位思考，为群众排忧解难。

先锋引领　脱贫攻坚见真章

——和庆镇文卷村党支部书记、村委会主任李焕青

人物名片

　　李焕青，男，1973年2月生，中共党员，大专学历，1993年9月参加工作，历任文卷村委会委员兼文书、副主任。2010年6月任文卷村党支部书记、村委会主任，2015年被评为儋州市计划生育先进工作者。2016年文卷村党支部被评为儋州市优秀基层党组织，2017年文卷村被评为海南省脱贫致富电视夜校先进班，其本人当选为中共儋州市第十一届、第十二届党代会代表。

村庄情况

文卷村委会位于和庆镇东面，与澄迈县和岭居相连，全村有 521 户，8 个村小组，人口 1 978 人。党员 44 名，其中女党员 12 名，占党员人数 27.3%，大专以上学历 12 名。林地面积 7 745 亩，耕地面积 1 273 亩，以种植橡胶、水稻和养猪为主。

工作措施

坚信稳定才能发展

20 世纪 90 年代末 21 世纪初的文卷村是远近闻名的"上访村"。三天两头就有人到镇、市上访一次，甚至到省里上访，严重影响日常生产生活。李焕青接过担子后深感责任重大：村里的许多问题都极为棘手，不仅群众不信任、不理解、不支持，就连家人也极力反对。在如此艰难的情况下，如何顺利开展日常工作，又如何将这些村发展起来，让村民们过上好日子？这对他来说是一个艰巨的难题。李焕青并非一个面对困难就畏缩的人，相反，摆在眼前的困难更加激励起他的斗志。村里多年的矛盾惯性是难于抵挡的，但他不畏艰辛，团结带领村"两委"班子成员，携手并肩，起早摸黑，走家串户。在完成镇里部署的各项工作之余，他还要深入群众做调研，找出问题的根源，以问题为导向，把群众的问题、群众的呼声作为工作的出发点和落脚点。做群众工作，不仅要善于发现问题还要善于解决问题。美洋村小组 36 户农户，多年与村委会存在土地纠纷与分配矛盾，村民自身发展动力普遍不足。当他看到村民张某一家四口人日子过得穷困潦倒时，心里五味杂陈，很不是滋味。每每想到这个事，他都彻夜难眠，于是主动争取上级部门支持，把张某一户纳入低保，逢年过节送些衣食，嘘寒问暖，接着争取将其纳入贫困户，安排危房改造，让其小孩上学有着落、生活有保障。正是他这种真心实意为村民着想、踏踏实实为群众做事的工作作风，逐渐得到群众的认

可和信任。在他的带动下，村里的群众团结起来了，美洋村小组与村委会多年的矛盾也慢慢地平息下来。俗话说得好："功夫不负有心人。"他就是这样踏踏实实地从点点滴滴做起，从群众身边的事做起，以真诚感化群众。

以人为本，关注民生

文卷村原先全村只有一条 2007 年建的畅通工程道路，村民出行难。"雨天一身泥，晴天满身尘"是村民的生动写照。村里基础设施差，更不可能有娱乐中心、专门的活动场所等设施。农业上也没有水利灌溉，十种九不生，主要靠天吃饭。而除了农作物缺少水利灌溉之外，群众饮水安全问题更是亟待解决的问题。李焕青上任后，急群众之所急，忧群众之所忧，跑镇进市，向有关部门汇报文卷村的饮水、用电、行路等情况。在镇里的协调下，儋州市有关部门派工作人员到村里实地视察、探测、设计，投入 500 多万元资金，经过一年努力解决了群众饮水难的问题。儋州市相关部门又先后投入 4 000 多万元进行道路硬化、排污水沟、电网改造、宽带安装。

脱贫攻坚见真章

为实现"两个一百年"的奋斗目标，实现伟大的中国梦，自党的脱贫攻坚号角吹响后，有千千万万个扶贫工作者献身投入其中，李焕青也是脱贫攻坚队伍的一员。文卷村委会的大多数贫困户"等靠要"思想严重，如何帮这些人摘掉穷帽子是摆在他面前的又一个巨大难题。

文卷村委会康马村小组村民蓝某，有点经济头脑，妻子是广西人，蓝某便从广西带回一些竹狸养殖，想靠此发家致富。一天晚上李焕青下村搞扶贫调研，摸清贫困户主要致贫原因，正巧遇上蓝某，便跟蓝某请教竹狸养殖方面的学问，回来后结合本地情况认真分析，发现竹狸养殖周期短、见效快，有药用价值，可以切实带动贫困户发家致富。他把想法与包点领导沟通，最后商定成立合作社。以党建促扶贫的工作思路，按照"党支部＋农户＋合作社"的管理模式进行经营，贫户参与劳动，既学技术又有分红，两全其美。随后他把美敖村委会的贫困户、空壳村的集体资金也加入合作社，如今生产经营良好，年累计分红18万元。此外他结合实际，因户施策，有的放矢，给有多余劳动力的贫困户共发放牛30只、羊75只、猪150头，对外输出劳动力95人，种植益智15 000株，危房改造42户。他自己也办起了一个合作社，准备招商引资养殖水律蛇，带领更多的村民走向致富的道路。

忠孝难两全，为了脱贫攻坚，无怨无悔

党中央部署脱贫攻坚战充分体现党对贫困群众的关爱，更是硬仗中的硬仗。2018年初儋州市全市开展脱贫攻坚大排查、大比武，脱贫攻坚精准识别推倒重来。面对全村建档立卡贫困户171户747人、低保户30户82人、特困户15户16人，还有将近2 000户一般户的排查工作，时间紧、任务重、工作人员少、调查面量多，在短时间内全面精准排查谈何容易？加上原镇包点领导符某因工作调到别的乡镇任职，村里的工作重担全压在李焕青一人身上。面对上级要求全面排查，做到"不漏一人、不漏一户"的任务目标，为了确保按时完成工作任务，经过一夜的辗转难眠，他第二天召集村级干部、村小组长会议，动员部署，责任到人，带领村级干部和市派驻的4名工作队员起早摸黑，进村入户，认真调查。

上小学的儿子一个多月没有跟父亲好好说说话，李焕青回来时孩子睡着了，出门时孩子还在熟睡。他把自己全身心都投入了脱贫攻坚工作中，只因自己是一名共产党员，却经常忘却家里的事情。让他难以释怀的是6月份的一天，90多岁高龄的老母亲，独自挂着两条拐杖到和祥村委会看病，他突然接到几个村民打来电话说老母亲迷路了。这时李焕青才想到母亲身体感冒不舒服，昨晚叫他带去打针，可天一亮就下村开展工作的他为了完成工作任务忘记了。如果下村迟了村民都出去干活了，掌握不了情况，调查不精准，影响排查进度。谁不疼爱自己的亲人，谁不孝敬自己的父母？一心忘我地工作，老母亲理解儿子，等不到儿子便自己走路去看病。每思及此，李焕青内心满是愧疚。可为了完成全村贫困户精准识别工作，一摞一摞堆积的材料、每一户的家庭基本情况、每一个统计数字都凝聚着他的心血和汗水，让他抛下了亲情和友情。自古忠孝两难全，为了村里早日实现小康生活，他无怨无悔。

主要成效

随着一系列举措的实施，村里的农贸服务社、卫生室、文化室、球场等基础设施日趋完善，解决了村民行路难、用电难、饮水难、上网难等问题，全村面貌焕然一新，村里的发展跟上了时代发展的步伐。这一系列的改变，群众看在眼里，喜在心头。目前全村贫困户已有80%真正实现脱贫，并于2017年初顺利通过国务院第三方评估检查。

经验与启发

作为一名基层干部，应切切实实为群众谋福祉，真心实意为群众谋发展，把自己的热情撒在一方土地上，把自己的精力放在服务群众中，为群众排忧解难，在基层中为群众送去党的温暖，在平凡的岗位中塑造典范。

为民服务 20 载　敢闯敢试奔小康

——雅星镇乐满村党支部书记、村委会主任符精主

　　符精主，乐满村党支部书记、村委会主任，从 1998 年 8 月至今，已连续担任村支部书记、村委会主任 20 年。"这么多年来，群众选我做书记、村主任，就是对我的信任，对我工作的肯定，我自然不能愧对群众对我的信任。"符精主说，"我从小就在这里长大，我的根就在这里，每当我们去调研考察乡村建设的时候，看到别的村发展得那么好，心里是很羡慕的，把我们村也建设起来，带动大家脱贫致富也是我做书记 20 年来的心愿。"

村庄情况

乐满村地处儋州市雅星镇富克片区，下辖打亮、乐满、打岳、新明等 4 个村小组，常住人口 310 户 1 500 余人，常年干旱少雨，缺水是制约当地农业发展的主要问题。其主要产业为橡胶和甘蔗，都属于较耐旱的经济作物，但 2013 年以来，由于天然橡胶价格持续低迷，不少村民已经放弃割胶，外出务工，在村民看来，在当地想要靠农业发家致富，是非常困难的事情。

工作措施

勇于开拓，创经济强村

自 1998 年担任村支部书记、村委会主任以来，符精主一直坚信，只有发展产业才能带动群众脱贫致富。符精主说："几十年来，我们当地就是以传统的橡胶和甘蔗为主，思想已经固化了，你要村民跟着你干其他的，首先就是要做给他们看，做得好了，有钱赚了，村民才敢跟着你做。"但创业并不是一帆风顺的，2006 年，符精主联合当地 5 户村民，承包了红岭水库部分区域，发展罗非鱼养殖，经过前期的大量投入和精心饲养，所饲养的罗非鱼长势良好，但在即将收获之际，一场强台风袭击，把养殖设施全部摧毁，十几万尾罗非鱼要么被吹飞，要么缺氧死亡，大半年来的心血全部报废，所有投入都打了水漂。"当时到水库边看到满是死鱼，那个心情真是感觉天都要塌下来了。"符精主说，"当年就是一股劲，也算是一场教训，不过吃一堑长一智，所以之后我做的产业，最主要考虑的也就是风险，农民都是靠天吃饭的，若考虑不周全，一旦失败就血本无归了。"

2017 年 3 月，雅星镇委出台《雅星镇培养致富"领头羊"实施方案》，鼓励雅星镇村（社区）、镇办农场和各居委会的党（总）支书记、妇女主任带头与龙头企业合作发展种养产业，对促进当地贫困户和村民脱贫致富的支部书记和妇女主任，镇委、镇政府支持每人1万元的启动资金给予鼓励，同时在发展生产中遇到资金困难需要贷款的，由镇委、镇政府出面和雅星信用社协调，每个致富"领头羊"可在雅星信用社授信贷款20万元，不需要担保和抵押，一年内免利息。符精主利用优惠政策，在镇委、镇政府的帮助下，与龙头企业天地一号公司合作，在乐满村委会建设养猪场，由公司提供猪苗、饲料、防疫药品和技术指导，村委会提供建设场地、水电设施、工人费用等，出栏的生猪由公司统一收购。经申报、环评、建设等程序后，项目终于落地，建成了可养殖生猪800头、有两个大型化粪池的无污染养猪场，预计年出栏生猪1 600头，年收入约20万元。目前符精主已带动5户贫困户加入养猪场，采用"年分红＋短工工资"的方式，每年每户贫困户分红2 000元，贫困户在猪场做短工，每天工资100元。符精主说："猪场现在已经正常运转了，可是猪场的规模不算大，只能养800头，需要的工人也就四五个，就装车的时候需要的人多一些，带动力度有限，我们村土地多，我的想法是发展种植业，加上我们猪场能提供大量有机肥，才能带动更多群众参与进来。"

因地制宜，引村民致富

为了找到经济效益高又适合当地气候环境的经济作物，符精主可谓是煞费苦心。当时村小组的集体地有部分承包给外省的老板种植水果，主要为红心火龙果、沃柑、红心橙和金秋砂糖橘。"一开始我们也不懂，所以只能看别人种什么，我们就跟着人家学。"符精主说，

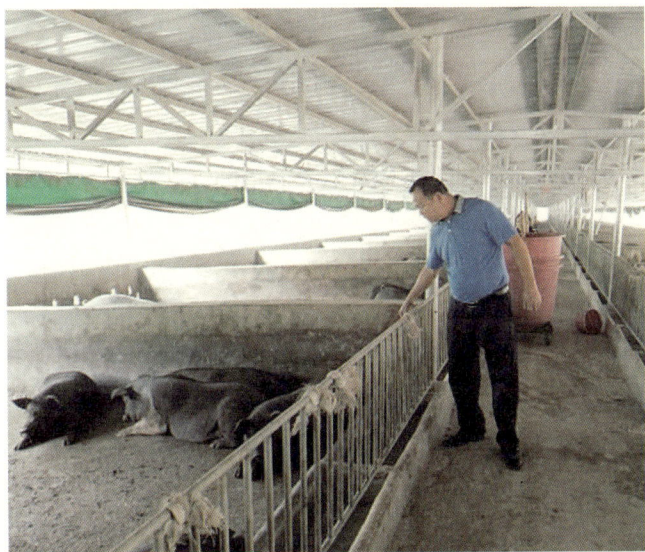

"当时那些老板跟我说，这几种水果成熟后，平均每亩利润都是 2 万元左右，我听着很心动啊，想想我们的橡胶，10 亩一年都不到 2 万元。因为当时种在村里的果树还未结果，所以我决定出去看看。"

说走就走，2017 年 11 月，符精主与朋友一起到重庆金秋砂糖橘种植基地考察；2017 年 12 月，到临高县加来镇红心橙种植基地考察；2018 年 3 月，到广西武鸣市沃柑种植基地考察。经过三轮实地考察，符精主对这三种经济果树的生长成熟时间、果实价格年波动情况、病虫害防治等有了大概认识，经再三考虑，决定先购买种苗，种植 20 亩金秋砂糖橘。符精主说："当时去人家基地看金秋砂糖橘和沃柑，整棵树都挂满了果，特别是金秋砂糖橘，一棵树可以长 200 多斤的果，这几年市场价格虽然有波动，但波动也不算大，按最低的 2 元 1 斤的收购价，我们每亩也有近 2 万元的收入，再除去成本，怎么算都比我们的橡胶、甘蔗赚钱，而且我们村的土地多，基本每户都有二三十亩地，发展种植业比发展养殖业更容易让群众接受，最后一点，也是我决定种植金秋砂糖橘最重要的一点，就是在我们海南，金秋砂糖橘的上市时间比外地快一个月左右，这样就能很好地错开其他地方的上市时间，在价格上就有一定的优势。"目前，乐满村已经种上了20 亩的金秋砂糖橘，并安装了滴灌设备，种植设施已基本建成，若生长正常，预计 3 年后开始挂果。

主要成效

雅星镇乐满村党支部书记符精主一谈起如何发展农村经济，就滔滔不绝，激情澎湃，在村党支部书记这个职务上辛辛苦苦耕耘了 20 年，其作风和工作都得到了广大群众和上级领导的认可。作为一名村党支部书记，符精主严格执行"三会一课"、村"两委"政治学习、民主生活会等党建制度，不断提高党员的思想素质，坚持以大局为重，做到不利于团结的事不干，不利于团结的话不说，遇到事情都会征求每个支委成员及群众代表的意见和看法，不搞一言堂或个人说了算，坚持做到办事公正、处事公平、要事公开，实行了村务、党务公开制度，让群众有充分的知情权、发言权，增加了工作透明度，消除了隔阂和疑虑，赢得了群众的理解和支持。多年来，乐满村委会没有出现村干部违纪违法案件。符精主在发展农村经济上有自己的想法，充分发挥了共产党员敢闯敢试、敢为人先的精神，发挥了支部书记"领头羊"的作用。符精主任乐满村党支部书记20年来，乐满村委会各项基础设施和集体收入都有很大的完善和提高，目前乐满村委会4个自然村的入村道路硬化已基本完成，年村集体收入约9万元，更好地促进了本村经济大发展，助力脱贫攻坚。

经验与启发

一是群众只会跟着能人干，发挥村支部书记"先锋引领"作用至关重要。二是用真实行动赢得群众肯定，在脱贫攻坚等领域帮助群众解决最困难的问题，并树立威信，很有必要。三是没有调查就没有发言权，实地调研能增长见识，了解产业发展流程和把控风险。

·琼海市·

共建美丽乡村 实现致富梦想

——博鳌镇沙美村党支部书记、村委会主任冯锦锋

人 物 名 片

　　冯锦锋，男，中共党员，高中学历，现任博鳌镇沙美村党支部书记、村委会主任。

村庄情况

沙美村是博鳌镇的一个行政村，位于琼海市博鳌镇南面，坐落于金牛岭脚下，面朝生态湿地沙美内海，被九曲江、龙滚河环绕，并且同时拥有山峦林野风貌、南国田园风光、丘陵村落景观和海河湖泉景色，集"山水林田湖"等要素为一体，自然环境优美，资源得天独厚。全村辖 10 个村小组，共 301 户，1 075 人，村民的传统经济生产主要依靠种植水稻、槟榔、胡椒等作物以及内海捕捞。村域总面积约 631 公顷（9 469 亩），包含陆地面积 7 670 亩，水面面积 1 799 亩。其中水田 1 380 亩，山岭 3 050 亩，坡地面积 1 360 亩，建设用地 280 亩，水面面积中用于湿地生态区建设的有 506 亩。2017 年，全村居民人均可支配收入 14 500 元。

工作措施

自 2016 年 8 月任沙美村委会党支部书记以来，冯锦锋严格按照中央"四个全面"战略布局，全面落实从严治党要求。通过扎实推进党小组规范建设，认真落实党建工作，充分发挥党员先进模范带头作用，党组织战斗力和凝聚力得到进一步增强。做好考察、吸收入党积极分子，发展预备党员工作。全力完成脱贫攻坚任务，为扶贫开发工作奠定了坚强的组织保障。2017 年 10 月，琼海市深入贯彻党的十九大精神，大力实施乡村振兴战略，启动沙美美丽乡村建设。带领村党支部各成员分工协作，积极推进农业产业结构调整，发展新优高效农业和生态循环农业；改造提升村容村貌，完善基础设施配套，实现路网、水网、电网、光网、排污管网"五网"贯通；着力优化沙美村原有的自然景观，精心打造"金牛泉涌""山海在望""滨海长廊""饮水思源""耕读传家"和"椰林水韵"等沙美六景生态景观。

同时按照"山水林田湖草是一个生命共同体"的生态保护理念,推进沙美内海全面退塘还林还湿,恢复生态和景观功能,复植红树林568亩,形成以红树林保护为主的湿地生态区。为充分发挥沙美特色资源优势,推动经济社会发展,真正实现乡村振兴,结合自身情况,成立农民专业合作社,引进社会资本,以"党建+合作社+农户"的模式进行统一经营管理,发展热带高效农业、休闲渔业、民宿、农家餐饮、电商等农村特色产业,推进乡村融合发展,让村民共享美丽乡村建设成果,实现在家门口的创业就业致富梦想。现已设立"博鳌沙美休闲农业农民专业合作社综合服务中心","五谷丰登杂粮""琼海公道"和"沙美人家"等15处业态已经形成。沙美正朝着"产业兴旺、生态宜居、乡风文明、治理有效、生活富裕"的海南乡村振兴战略样板目标迈进!

主要成效

一是在打造美丽乡村同时,成功带动了贫困户冯君家庭经济发展。冯君全家共有4口人,2014年被纳入贫困户,2016年成功脱贫。原先以种植经济作物、打零工为主,年收入大约3万元。"五谷丰登杂粮"是冯君借助美丽乡村建设的机会,用自家前院改造而成,主营各种五谷杂粮小吃,食材全部来自本村村民自己种植。游客在欣赏沙美美景的同时,也能品尝到当地原汁原味的乡村风味。原来冯君家门口卫生环境非常差,也不愿意把自家的围墙拆了,担心拆后不是他自家的财产,抵触心理特别强,经过村干部多次上门做沟通工作,最终在自己家门口实现了创业致富。现在他们家的收入增加了,思想上发生了很大变化。冯君及其家人发自内心地感谢党和政府真正帮助他家脱贫致富,他本人也有信心能做好自己的产业。

二是利用好本村有利资源，吸引本村人才回村创业。自建设美丽乡村后，成功吸引了一部分本村青年回家创业，如村民龚熔夫妻两人原来在三亚开店，现利用自家闲置的房子开了一家清吧；村民王小艾原来在三亚工作，看见乡村发展好了，毅然放弃三亚的待遇，回家开了一家渔人农家乐，把村里农户村民叫上一起经营；沙美内海咖啡的户主莫泽豹高兴地说，原来他是在外边当摩托车维修师傅，他本人也想不到能够在自家门口创业，当起老板……像这样的农户目前就有16家，现在村民看到了前景纷纷想加入合作社，充分利用好自家的房子，把多余的房间改造为民宿，目前已向合作社申报了50余户要加入业态民宿的拓展项目。

经验与启发

政府支持是有力保障

沙美村能成为市、镇重点推进的建设美丽乡村项目，得益于市委、市政府、镇委、镇政府和农业部门的大力支持。如何才能带动全村经济增收，好好利用村集体财产，让大家都能够在美丽乡村中得到真正的实惠，是必须思考的问题。

组织规范是坚强堡垒

通过村"两委"干部的沟通，最后明确分工，责任落实到个人，不容许存在个人私利，把群众关心的问题放在最前边，采取边做群众思想工作边施工的方式进行，遇到问题集中解决，充分发挥党员带动作用，让更多群众加入村集体的工作中来，规划好产业，充分利用好每一块资源，引进好的管理团队，让管理团队和村民能够健康发展，在全村人的脸上都看到了美丽乡村的成果。

目标明确发挥优势

充分挖掘村级人文、旅游资源，以创建4A级景区为目标，配套旅游基础建设水平，带动周边群众发展旅游，开发农业体验采摘和周末休闲竞技项目。一是做大陈列馆规模；二是做好旅游服务接待中心；三是做强党建，党员参加学习；四是做好生态品牌，打造"沙美"品牌。采取抱团取暖的形式打造农业品牌，借助互联网新时代，带动农产品的质量提升和市场拓宽，让百姓增加收入，在家门口实现就业，带动经济发展。

狠抓党建　凝心聚力帮民致富

——潭门镇北埇村党支部书记、村委会主任杨全均

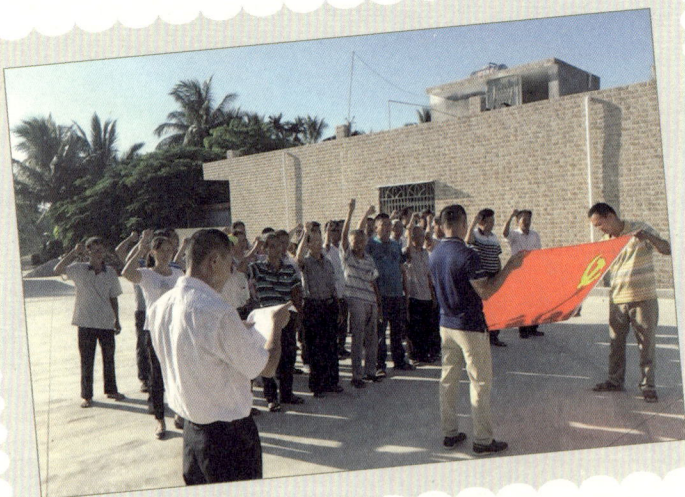

人物名片

　　杨全均，男，中共党员，高中文化程度，现任潭门镇北埇村党支部书记、村委会主任。

村庄情况

北埇村委会位于潭门镇西部，离镇政府驻地 3.5 千米，该村下辖 24 个村民小组 523 户 2 372 人，有林地 850 亩，耕地 2 100 亩，坡地 665 亩，山地 310 亩。村民主要收入来源为冬季瓜菜、淡水或海水养殖、禽类养殖、菠萝、槟榔等。

工作措施

抓住一个关键——狠抓党建，提高凝聚力和战斗力

农村基层党组织是党在农村工作和战斗的基础，关系着党的路线方针政策能否在农村基层贯彻执行。杨全均同志自当选以来，抓住党建这个关键不放松，在阵地建设、队伍建设、制度建设上做文章，不断增强党支部的凝聚力和战斗力。一是扎实开展学习教育，提升党员素质。按时组织村"两委"干部、党员和村民小组长进行学习教育活动。一年中先后学习了党章、党规以及习总书记的系列讲话，针对所学习的内容，要求党员深入讨论，通过学习讨论，使全村党员干部清醒地认识到"我为什么要当党员干部""当党员干部要为人民群众干什么"，自觉把自己的思想认识摆到正确的位置上，进一步增强了党员干部为党工作、为党增光、发展经济的新思想、新观念。二是扎实开展党员主题活动，激发活力。在党员教育活动中，北埇村党支部充分利用党员活动日的有利时机，分层次安排好党员教育活动，做到形式多样，内容精彩丰富。除坚持"三会一课"外，还经常请电工技术专家、农业技术专家等来村授课，现场观摩演示，将党员的思想教育学习活动和科技培训活动有效地融为一体，使党员群众受益匪浅，深受党员群众的称赞。同时坚持走出去学习经验，组织党员干部外出参观学习美丽乡村建设经验，开阔了党员的眼界，提升了党员的思想认识能力。三是抓班子带队伍，提高凝聚力和战斗力。杨全均同志常讲，村党支部有没有战斗力，村干部在群众心里有没有威信，关键在于村"两委"班子能否搞好团结，在处理事情上，能否做到

公开、公平、公正。为了搞好团结，他始终坚持以大局为重，坚决做到不利于团结的事不干，不利于团结的话不说，尤其是走上村党支部书记岗位后，他更是把团结作为凝聚力量的前提，坚信团结出战斗力，团结出政绩。日常生活工作中尽力维护班子团结，遇到事情都会征求每个支委成员以及群众代表的意见和看法，不搞一言堂或个人说了算，对于村内重大事项的决策和群众关心的重大事情，坚持做到办事公正、处事公平、要事公开。在他的倡导下，村里实行了村务、财务、党务三公开制度，增加了工作透明度，消除了隔阂和疑虑，赢得了群众的理解和支持。同时，他高度重视党员发展工作，不断为党组织增添新鲜血液，为确保发展新党员的质量，他积极调查发展对象的基本情况和以往表现情况，注重把符合条件的年轻致富能手发展成为党员。

紧扣一个主题——精准扶贫，帮民致富

在脱贫攻坚任务中，杨全均同志高度重视，在贫困户的精准识别过程中组织"两委"干部配合镇干部"五加二""白加黑"，夙夜不懈、加班加点地入户普查，完善档卡，并严格按照程序，多次召开党员大会，推荐、提名、讨论、审议、通过、公示公告，及时准确地完成了贫困户确定任务，为下一步精准脱贫奠定了坚实的基础。

北坰村委会四方园村小组村民蔡兴有一家共3口人，妻子智力三级残疾，儿子精神二级残疾，两人均无劳动能力，每个月还要花费几百元医药费，50岁的蔡兴有是这个家里唯一的劳动力。除了一家三口的低保，3亩水田的收成就是这个家仅有的经济收入来源，由于是沙土土质，田里的收成并不好。在被精准识别为贫困户后，杨全均同志为他出谋划策，帮助他开垦出一片菜地种植蔬菜，并传授他蔬菜种植技术。在市纪委、镇政府等多方帮助下，蔡兴有家顺利摆

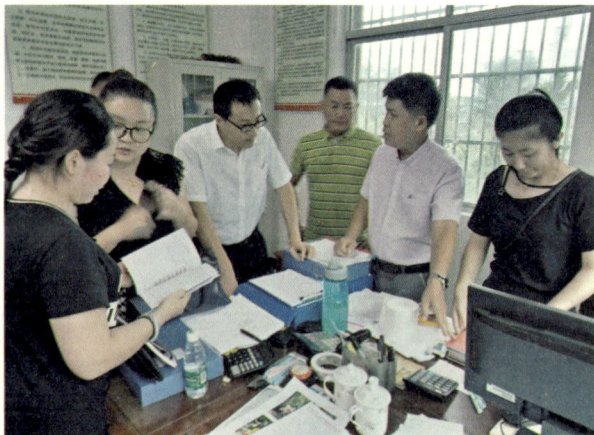

脱贫困，过上了好日子。

美丽一方水土——和谐相处，民乐村安

杨全均同志以习近平总书记系列讲话精神、新时代中国特色社会主义思想为指导，多方协调筹资，以北埇村特色资源文化为平台，加快美丽乡村建设。一是实施美丽乡村项目建设。对土城、四方园、昌里、联城、河南村进行硬板化道路建设 3.2 千米，在汪洋、下排村建设硬板化道路 1.2 千米和开展善集路增大建设工程；与西村村委会一起共同建设古龙溪硬板化水利工程 1.9 千米；在北埇片区建设篮球、排球场；在茂亭片区建设计生宣传设施和绿化园。二是加大农村环境治理。成立保洁员工作队，实行制度化管理，并定期对各村组进行考核评比，坚持以宣传教育为先导，以整治脏、乱、差为突破口，周密部署，狠抓落实。三是丰富文娱活动。多次邀请文化工作者、文艺演出人员到村进行文艺汇演活动，丰富了农村文化生活，弘扬了社会主义核心价值观。

主要成效

自当选村支书以来，在杨全均同志带领下，全村整体面貌日新月异，村级年终考核各方面均位居全镇前列，其本人和村干部工作得到群众普遍认可。全村呈现出经济发展、社会和谐、群众安居乐业的良好局面。

近几年来，对北埇村委会三才园村完成栈道、凉亭、绿化、道路亮化等设施项目建设，加快美丽乡村建设。通过精心安排，积极行动，环境治理工作取得了明显成效，村庄环境卫生状况焕然一新。北埇村美丽乡村的建设，不仅让村民感受到村庄环境的改善，也丰富了人民群众的业余生活，极大促进了村民和村子整体素质的提高。

经验与启发

基层党建是做好一切工作的抓手

抓好基层党建，才能让全体党员干部保持昂扬斗志。昂扬的斗志，来自对自

己所从事的事业的正确认识，来自对自己所行走道路的自信，来自对理想信念的坚持，来自对集体的认同和对自我在集体中所发挥作用的自豪感。基层党建工作正是激发广大党员干部昂扬斗志的最好抓手，基层的工作也必须在具有昂扬斗志的党员干部的努力下才能做好。

抓好基层党建，才能应对工作中出现的各种新情况、新问题。我们现在所面临的形势比以往任何时代都要更加复杂，我们所要完成的事业和梦想充满了各种未知的困难和险阻，这一切，都需要集体的智慧和团队的力量去克服、去实现。抓好基层党建，就是最大限度地将单个人的力量集中起来形成合力，就是最大限度地激发所有人的创新意识和创造力，发挥广大党员干部的聪明才智，并通过他们激发人民群众的创新意识，解决发展过程中出现的一切问题。

抓好基层党建工作，才能在工作中发现、培养出好的基层党员干部，锻炼培养更多年富力强、思维活跃的年轻人队伍。人才需要发现和培养，好的人才也需要好的环境去呵护和锻炼，风清气正的基层党组织才能吸引到更多优秀人才进入组织中来，只有强有力的基层党组织才能领导好、锻炼好优秀人才。而他们，决定着我们党及各项工作的未来。

选优配强"带头人"

俗话说得好："火车跑得快，全靠车头带。"选优配强村党组织带头人，对拉动农村经济发展、推动农村脱贫致富具有重要意义。一个地区的发展永远离不开人才，没有了人才就没有发展的根基。乡村想要摆脱落后、贫困的局面，选优配强村党组织带头人是一个非常重要的举措。通过选优配强村党组织带头人，将敢于创新、甘于奋斗在基层的乡村人才选拔出来，将其吸纳进村党组织中，既能够给这些带头人提供发挥自身能力和价值的舞台，也能够夯实基层党建的基础。只有以良好的制度建设选拔出优秀的人才，并给予他们广阔的发展空间，才能给乡村发展以新的可能性，开辟出新的道路。

发展特色农业　走向共同致富

——山根镇排溪村党支部书记、村委会主任孙多武

人物名片

　　孙多武，生于1971年，2008年加入中国共产党，2010年6月开始任山根镇排溪村党支部书记、村委会主任。

村庄情况

排溪村委会位于山根镇东北部，是著名革命老区。村内环境优美，交通方便，现有 8 个村民小组，共 8 个自然村，全村有 225 户 925 人，其中妇女 158 人、老人 130 人、儿童 89 人、五保户 13 人、优抚 7 人、低保 41 人、党员 51 人。全村共有土地面积 5 061 亩，其中水田 400 亩、林地 1 500 亩、坡地 1 200 亩。年人均纯收入达到了 8 600 元。

排溪村原先是一个较为贫穷的村子，村民收入途径较为单一。自孙多武同志上任之后，根据排溪村实际，带领村民发展海产养殖，寻找致富门路，使排溪村逐步走向了富强之路。

工作措施

孙多武同志带领群众走向致富之路，是市委、市政府与镇委、镇政府大力支持与引导的结果，当然也与孙多武自身的做法密不可分。主要做法是：

热心公益，治安维稳

在当选为山根镇排溪村党支部书记、村委会主任以前，孙多武就是村里公益事业公认的热心人。2007 年，入党积极分子孙多武看到村里治安状况不尽人意，一些外地吸毒人员常常在村里流窜作案，小偷小摸现象频繁发生，经请示村委会和当地派出所后，孙多武带头召集村里热心公益的人员组建了一支 65 人的联防队伍，自愿承担起治安巡逻任务，加强治安管理。在联防队员们的努力下，如今的排溪村社会治安状况良好，打架斗殴、小偷小摸现象基本绝迹，村民们的安全感普遍增强。在担任排溪村治安联防队队长的几年时间里，孙多武不但认真抓好治安管理工作，还热心家乡各项建设事业，修桥铺路；父老乡亲有个头疼脑热，他总是 24 小时开机，随叫随到，从无怨言。为了更好地服务群众，孙多武还专门印制了治安联防队员通讯录，每年更新发放到群众手中，做到电话号码家喻户晓，有事呼叫随叫随到。在治安联防队员们的共同努力下，2010 年排溪村社会治安综合整治工作顺利通过省综治办考核验收，受到省考核组的充分肯定。如今，这支规范化、标准化建设的治安联防队伍还经常走出排溪村，被省、市有关部门抽调承担各种治安巡逻任务。

全力抗灾，积极重建

在 2010 年万宁市村级组织换届选举工作中，肩负着排溪村 900 多名父老乡亲的信任和期待，致富带头人孙多武同志正式当选排溪村党支部书记、村委会主任。俗话说，新官上任三把火，可孙多武同志还没把发展经济这把火烧旺，万宁市就遭遇了 200 年一遇的特大洪涝灾害，该村经济损失惨重。上任短短几个月，这位新晋书记在市委、市政府与镇委、镇政府的坚强领导下，带领着村干部一班人并肩作战，抗洪救灾、恢复生产、重建家园，他用自己的行动，谱写了一曲基层共产党员的党性之歌。

东风螺养殖是近年来排溪村的主打产业之一，海南省农业科技 110 示范基地排溪村海水养殖基地就设在这里。刚上任 3 个多月的孙多武面临着前所未有的挑战：东风螺养殖基地在特大洪灾中全军覆没，全村共损失 1 260 个东风螺养殖池，价值 1 200 多万元。虽是天灾，但是看到乡亲们站在池边哭泣，孙多武心里充满了愧疚。许多原本养虾的农户正是在他的带领下转向东风螺养殖的，本想在十一黄金周期间卖个好价钱，没想到一夜之间等来的却是堆积如山的死螺，平均每户损失 30 多万元。

雨不停地下，10 月 6 日水位高涨、灾情严重，村民徐光新打来紧急求援电话，他家两口高位养殖虾池被洪水冲垮，价值 10 多万元的虾正被洪水冲走。职责就是命令，关键时刻，共产党员要尽最大能力保护村民财产不流失！刚刚回到家，还顾不上喝一口水的孙多武马上电话召集联防队员，冒着大雨，蹚着齐腰深的洪水赶到徐光新的高位池，帮助他将池里的虾转移到安全地带。在灾情最严重的那几天里，孙多武与村干部和联防队员们接连帮助 4 户村民及时抢救转移了价值 40 多万元的高位池养殖虾。高强度、超负荷的救灾工作让他筋疲力尽、又冷又饿，但看着村民们欣慰的笑脸，听着村民们真诚的感谢，孙多武觉得所付出的一切都那么值得。

在千头万绪的救灾工作中，孙多武同志喊哑了嗓子，熬红了眼睛，使该村的养殖基地在灾后两个多月就恢复了生产，从而鼓舞和带动了周边受灾农户投入灾后重建工作。为了让养殖户重拾信心，孙多武在个人损失100多万元、东风螺苗种价格高涨的情况下，再次投入20多万元，恢复了30个养殖池。为帮养殖户们筹措生产资金，孙多武还多方协调联系，帮助12户养殖户办理了市邮政储蓄银行的贴息贷款，解决了他们资金匮乏的燃眉之急。在孙多武同志的牵头下，排溪村成立了东风螺海水养殖合作社，以合作优势，实现农民增收。

智志双扶，多措并举

孙多武同志在任书记、村主任期间，时刻不忘自己共产党人的身份，无私奉献，带头致富。他的目标就是带领全村人打赢脱贫攻坚战，实现共同富裕。为此，他不计较个人得失。帮助村民发展养殖，传授技术，吸纳贫困户就业，促进村民自身发展。在促进贫困群众发展增收时，孙多武时常到其家中进行家访。根据贫困群众的家庭情况，在种植、养殖、经商、务工等方面，为其出谋划策，解决"智"的问题。同时，鼓励大家靠自己双手吃饭，按时参加脱贫致富电视夜校，使大家伙儿立志脱贫。通过智志双扶，多措并举，解决群众的后顾之忧。

此外，在扶贫工作中，孙多武对本村的精准扶贫工作一手抓，线上线下的材料非常了解，实地到贫困户家了解情况，对贫困户进行精准识别。结合实际情况，孙多武积极促使贫困户就业，例如公益性岗位保洁员，还有参与合作社分红，到村里的酒店当服务员，等等，使贫困户通过就业实现脱贫。此外，孙多武同志还出资让村里有能力却无业的年轻人收购槟榔，通过此类帮助，给其家庭带来一定收入。

提高素质，增强能力

为增强排溪村党支部的战斗力、凝聚力和创造力，充分发挥基层党组织的领导核心作用，孙多武同志认真组织党员干部参加各种培训，提高实用技术水平，让党员干部做致富的带头人。同时，他还注重后备人才的储备，将村里的致富能手、养殖能手、优秀农村青年纳入后备干部，加以培养，提升党支部的整体战斗力。

发展特色，促进增收

孙多武同志在工作伊始便做过深入思考，他认识到要想致富必须得依靠自然资源，发展特色产业。依靠临近海边的优势及自己的海水养殖经验，他大力推广海产养殖业。截至目前，排溪村共有虾塘365亩，东风螺养殖池2 126口，全村的经济获得质的飞跃。排溪南坡东风螺合作社也于2011年成立，采用"合作社＋农户"的经营模式，积极吸纳本村劳动力、贫困户，在给予其固定工资的同时，还给予其分红，有效促进村民增收。

此外，在当好致富带头人，带领群众发展生产，致力群众增收的同时，孙多武同志还致力于文明生态村规划建设，千方百计，多方筹资，改造村容村貌。如今，排溪村完善了村级组织活动场所，8个自然村道路硬化，安装太阳能路灯80多盏。村里100多位60岁以上老人、五保户、低保户、困难户逢年过节都能得到村委会发放的慰问金及慰问品，让他们倍感党和政府的关怀和温暖。在孙多武的带领下，排溪村党支部班子的凝聚力、战斗力、感召力不断增强。

主要成效

一是促进了全村经济增长。排溪村通过多种方式经营，目前有虾塘365亩、东风螺养殖池2 126口，种植胡椒80亩、槟榔320亩、菠萝350亩，每年种植反季瓜菜656亩。村民经济收入持续增长，已经从较为落后村落，成为山根镇较为富裕的村子。

二是党员干部致富带头能力明显增强。排溪村党支部的战斗力、凝聚力和创造力明显提升，基层党组织的领导核心作用明显增强。如今，排溪村村民无不对孙书记竖起大拇指，众多党员成了致富带头人，同时更多的致富能人被发展成党员。村风文明、党群和谐，越来越多的人慕名而来，成为山根镇党建引领发展的良好示范。

经验与启发

　　农村党支部是党在农村工作和战斗力的基础，农村党支部书记作为党支部的领路人责任重大。如何带领群众致富？应做好这几点：其一，积极引导本村调整产业结构，发展特色农业。其二，结合市场经济发展规律，提升产业竞争优势。其三，提升村干部素质，增强其致富带头能力。其四，发展壮大集体经济，促进村民共同致富。

用好"党建+"模式　创建和谐社区

——万城镇万隆社区党支部书记、居委会主任詹达能

人物名片

　　詹达能，男，1972年10月生，高中学历，1996年7月加入中国共产党，2016年至今担任万隆社区党支部书记、居委会主任。获评"万宁市2018年巩固省级卫生城市工作优秀个人"荣誉称号。

村庄情况

万隆社区成立于 2002 年 2 月，位于万宁市万城镇城区中心，现有 16 个居民小组，2 351 户 9 877 人。社区党支部下设 10 个党小组，党员 64 名。

工作措施

作为党支部书记、居委会主任的詹达能，坚持创新党建活动载体，提高服务群众能力，带领"两委"班子积极开展创先争优、"创文巩卫"等活动。

推行"党建 + 互联网"

依托微信群、QQ 等载体，主动把支部建在网上，把党员连在线上，及时推送相关会议精神、党内学习资料和社区动态等；组织开展在线学习，实现党组织和党员线上线下良性互动，积极引导党员关注"南海先锋""万宁党旗红"公众号，自觉开展线上学习，打通了党组织联系服务党员的"最后一公里"。

抓好"党建 + 服务"

实行以"三联三问三解"联系服务群众工作机制，以网格为单位，把社区党员干部、居民组长、网格管理员安排到网格中认领志愿服务岗位，并按照"居民点单、支部下单、居民评单"的订单式模式开展社区"零距离"志愿服务。一年来带领社区干部用情用心服务居民，开展社区综治组织巡逻防范 22 次，调处化解矛盾纠纷 8 起，帮扶慰问 38 人，医疗救助 15 人，办理低保申领 8 人，办理 80 岁以上老龄人申领 25 人，出具个体经营户证明、办理工商税务执照 63 件，出具证明办理小学生入学 80 多人次，切实为居民解难题、办实事。

推进"党建 + '创文巩卫'"

按照市委、市政府开展"巩固创建省级卫生文明城市"的工作精神，积极创建文明卫生小区。经过与社区全体党员干部、居民组长的努力，在网格驻点单位的大力支持下，投入"巩固创建省级卫生文明城市"活动5 524人次，打扫卫生、清理卫生死角、整治占道经营和乱停乱放行为，清除各种乱张贴的小广告，脏乱差得到彻底整治；庭前屋后及巷道水泥硬化1 376平方米、修建排水沟713米、喷涂墙体亮化5 400多平方米、制作墙体宣传标语及墙绘700多平方米。通过整治改造、创建6个文明卫生小区，现万隆社区辖区内的大街小巷、居民区的环境卫生整洁有序，和谐宜居。

开展"党建+禁毒"

把吸毒人员的跟踪帮教工作安排落实到党小组和党建网格点，社区干部、党员、网格服务管理员、居民组长对号入座，做到明确任务、责任到人，对帮教吸毒人员进行严格管控和教育转化。一是签订戒毒保证书和帮教责任书。2017年3月，31名吸毒人员及其家庭成员与社区签订了戒毒保证书和帮教责任书。二是谈话谈心。社区帮教人员每个月都要到吸毒人员的家庭和吸毒人员及其家庭成员进行谈话谈心，及时了解掌握他们的就业、小孩上学等家庭情况；吸毒人员过生日时，社区禁毒工作领导小组成员上门送上蛋糕一起过生日，通过感化，温暖了他们的心，打开了他们的心扉，消除他们自暴自弃、自卑自贱的思想，也坚定了他们戒掉毒瘾的决心和信心。三是帮助他们解决实际困难。一年来社区资助吸毒人员儿女上学读书和解决其他困难投入2万多元，经过努力，使吸毒人员陈某、林某峰、吴某水、李某等成功戒断了毒瘾。

主要成效

在詹书记的带领下，以党的组织和工作全覆盖为目标，打造以社区党支部为核心的网格化党建格局，形成"社区有网、网中有格、格中定人、人负其责"的工作体系。一是合理划分网格。按照"区位分布、规模适度、方便管理、无缝覆盖"的原则，将社区划分为10个网格，同时在网格上建立党小组，构建"社区党支部—网格党小组"两级组织构架，实现党的组织和工作在社区纵向到底、横向到边、动态延伸、全面覆盖。二是设岗定责。整合社区党员干部队伍、小组长等力量，为每个网格配备"一长三员"，即网格长、党建工作指导员、政策法规宣传员、社情民意信息员。"一长三员"按照网格服务管理职责开展工作，做到了"党建工作情况清、区域工作情况清、矛盾隐患情况清"。三是创新管理模式。以党支部规范化建设年为载体，建立"五议三公开"工作法，即"一长三员"收集情况提出建议、"两委"会充分商议、支部大会讨论审议、居民代表会决议、居务监督委员会评议，然后及时将事项、内容、结果进行公开，使社区议事过程更透明、更民主。四是创建党建工作联席会议制度。社区党支部多次召开党建工作联席会议，邀请辖区单位党组织负责人共聚一堂，共商党建，研究、讨论以党建引领"创文巩卫"、禁毒、民政、计生等项工作，协商解决社区建设、管理、服务等重要事项。如今的万隆社区面貌焕然一新，并在"创文巩卫"工作中作为示范点向全市推广管理经验。

经验与启发

万隆社区党支部在 2016 年以前是一个软弱涣散的党支部。2016 年通过换届选举，选优配强，选出了詹达能作为班子的带头人，从政治学习、制度建设等方面加强班子自身建设，解决了之前存在的"软、差、懒、散"的问题，短时间内提高了党支部的战斗力和凝聚力。这说明了一个党组织的战斗力强不强，关键在于带头人是否踏实肯干、敢于担当。

"打铁还需自身硬嘛！"詹达能说。党的十九大报告提出，党要团结带领人民进行伟大斗争、推进伟大事业、实现伟大梦想，必须毫不动摇坚持和完善党的领导，毫不动摇把党建设得更加坚强有力。为强化党建工作，万隆社区党支部将 64 名党员分为 10 个党小组，分别融入 10 个社区网格中，创新实施"网格化"管理模式，倡导党员干部身体力行，用情用心服务居民。而这一做法的成功，也可以供更多的基层党组织学习。

党社联建　创新扶贫

——和乐镇琉川村党支部书记、村委会主任夏可峰

人物名片

夏可峰，男，汉族，中共党员，大专学历，2016年7月起任和乐镇琉川村党支部书记、村委会主任。

村庄情况

琉川村位于万宁市和乐镇西南部，全村面积约 2 平方千米，耕地面积 1 734 亩，村委会只有一个自然村，下辖 25 个村民小组，全村共 1 318 户，总人口 5 112 人。村民以务农为主，主要经济来源是种植瓜菜及外出务工，全村年人均收入约 6 000 元。琉川村"两委"干部共 9 人，其中琉川村党支部书记、村委会主任由夏可峰担任，党支部副书记 2 人，支委委员兼村委委员 2 人，支委委员 2 人，村委委员 2 人，村党支部共有党员 96 人。

工作措施

探索实施"1+3+5"党建扶贫模式

夏可峰多次在村"两委"会议上说："咱们农村要脱贫致富，党组织是先锋队，最能体现战斗力。我们党建工作的出发点和落脚点，就是要让老百姓富裕起来，过上甜蜜幸福的日子。"在他的带领下，琉川村"两委"干部围绕"强组织、强队伍、强能人、强发展"的方向，找准党建与发展切入点，探索实施"1+3+5"党建扶贫模式："1"即建强"一个党组织"；"3"即发挥好"三个方面"的作用——发挥好党组织的引领作用、发挥好党员的带富作用、发挥好致富能人作用；"5"即开展好"五个帮扶"，一是驻村干部帮村，二是党支部帮合作社，三是党员帮党员，四是党员帮群众，五是群众帮群众。

夏可峰认为，振兴乡村，推动村经济事业不断发展进步，党员能否发挥带头作用至关重要。今年以来，夏可峰通过多种形式加强党员教育培训。一是开展集中培训。夏可峰围绕党的十九大精神、"两学一做"学习教育为主题给全体党员讲党课，通过党课载体深化党性教育。同时积极邀请政法、医疗和农村产业技术专家过来为党员群众培训，不断提升村党员群众知识面。二是灵活设计党建活动载体开展党员活动日，包括组织党员到六连岭革命烈士陵园开展"缅怀革命先烈做合格党员""重走红军路"主题活动，不断强化党员宗旨服务意识，坚定共产主义理想信念。此外积极组织前往市内和市外的优秀党支部参观学习，进一步开阔抓基层党建工作思路。

以党建促扶贫

抓党建促脱贫，首先要抓好党支部自身建设，这是一个必然联系。夏可峰在抓好推进村"两委"班子建设过程中，在内功修炼上从不松懈。一是以贯彻民主集中制为重点，建立健全村"两委"议事规则，着力提高村"两委"班子决策科学化、民主化和工作规范化水平；二是坚持"四议两公开"工作法，凡属本村经济、社会发展以及人、财、物等重大事项经集体研究决定有记录可查，规范党务、村务、财务公开。三是综合服务功能齐全。村级组织活动场所能满足党员群众需求，把村级活动场所建设成为村干部亲民便民的"服务窗口"。

如何以党建带扶贫、扶贫促党建？把党建工作融入合作社，让百姓抱团联动起来，是夏可峰外出参观调研后脑海里出现的最初想法。确定思路后，夏可峰多次组织召开村"两委"会议讨论研究具体实施方案，最后村干部研究决定，由村党支部牵头成立万宁和乐小海咸水鸭养殖合作社，积极推行党支部与农业专业合作社管理层实行交叉任职的"党社联建"模式，采取"党支部＋合作社＋贫困户"的运作方式，使农村合作组织有序运转，健康发展。通过该种方式，把村党支部党建工作融入致富能人方阵，让示范带富传递起来。把年轻有文化有能力的党员培养成带富党员，再由带富党员带领贫困党员、群众脱贫致富，最终达到全员奔小康的成果。

成立合作社，谋求产业振兴

在争取市里和镇里支持的基础上，琉川村"两委"干部共同出资，协心努力，2017年4月，万宁市和乐小海咸水鸭养殖专业合作社正式成立，合作社养殖基地面积约100亩。在村"两委"干部积极宣传动员下，贫困户有33户139人签订协议加入合作社。随后，合作社进一步成立专项小组，制定标准化养殖地方标准，并建立咸水鸭养殖标准体系，然后再和外面企业合作，着手做好产品的包装设计、品牌推广、销售体系建立，不断扩大社会影响力、打开市场。目前，合作社在海口和万宁分别设有咸水鸭专门销售点。在合作社运营过程中，琉川村党支部以"党员创业带富工程"和"产业强村工程"为载体，采取"党支部＋合作社＋党员"的方式，全力抓好党建助力脱贫攻坚。

用心用情做好基层服务

夏可峰还用心用情做好基层服务工作，通过争取政府支持，新建5亩地的文化室和活动场所，更新完善篮球场、老年健身中心和各种设施器材；投入30万元改造全村路灯和硬化村内道路，并推进琉川水田改造和农业基础设施建设；投入15.6万元教育基金，对29名大学生、4名小学生进行表彰和赞助，对4名老师发放奖励金，营造重视教育的氛围。

主要成效

万宁市和乐小海咸水鸭养殖专业合作社第一批投放饲养的1万多只成鸭，其饲养环境位于和乐港北小海的海边滩涂地，鸭子以海边滩涂地上的小贝壳、小鱼虾、玉米、稻谷为主食，独特的生长环境，导致这些鸭子肉感介于家鸭与野鸭之间，清脆滑爽，口味香浓，且没有腥味，深受消费者的喜爱，在市场上销售行情

良好，取得了开门红。2017年10月27日，琉川村"两委"干部组织在和乐镇镇委大院进行这一年的第一次分红，33户139名贫困人员共获得分红19.46万元，其中每人获得分红1 400元。拿到分得的红利，村民们个个笑逐颜开。此外，通过参与合作社，2017年有24户108人成功实现脱贫，合作社取得的成效也受到市里和镇里的重视和肯定。

在咸水鸭养殖合作社经营过程中，夏可峰发动村干部积极宣传，鼓励村里青年积极参与经营管理，不断加强养殖技术和管理能力。合作社的开办，也带来了许多就业机会，如鸭苗培育、中鸭养殖、成鸭出售和宰杀等都给村里提供了不少就业岗位，贫困户通过参与合作社管理，不断增加收入，逐步达到脱贫致富的目的。

同时，在夏可峰的带领下，琉川村党支部以实现班子建设好、队伍管理好、工作机制好、阵地建设好、工作业绩好为目标，扎实开展"五好"党支部创建活动，切实加强党支部领导班子建设，不断加强农村党员队伍的教育和管理，进一步完善各项制度建设，不断促进党支部各项工作的制度化、规范化，不断增强党支部的凝聚力和战斗力。2017年度，琉川村党支部被评为万宁市"五好"党支部。同时，琉川村"两委"班子团结协作，认真执行镇党委、镇政府各项工作部署，扎实推进脱贫攻坚、综合治理、环境卫生整治等各项中心工作有序进行。村"两委"重视服务群众工作，积极主动为群众解难题、办实事，村级组织活动场所综合服务功能齐全，满足党员群众需求，成为干部亲民便民的"服务窗口"。

经验与启发

农村经济事业发展，离不开一个坚强有力的村级党组织，而作为党组织的带头人，党支部书记又起到至关重要的作用。不断强化基层党组织的领导核心作用，不断发挥基层组织战斗堡垒作用和党员先锋模范作用，不断增强党组织的创造力、凝聚力和战斗力，党支部书记一定要当好"领头羊"。打赢脱贫攻坚战，稳步实施乡村振兴战略，新的形势对党支部书记提出了更高的要求，也需要有更开阔的发展思路。

通过抓党建促脱贫，打造"党支部＋合作社＋农户"经营模式，是稳步推进脱贫攻坚、促进村集体经济发展的一个有效思路。通过推行村"两委"与农村合作社管理层交叉任职的"党社联建"模式，鼓励和支持党员通过带头创办农村合作社、发展特色产业等方式带领贫困群众脱贫致富。可由村党支部牵头，村干部成立专业合作社，向上级和外面企业争取资金以及鸡、鸭、鹅、猪等种苗资源。农户入股，负责日常饲养种苗工作，村干部负责推广宣传，解决销路，统筹管理合作社，以及组织技术培训。合作社收入按比例分红，部分收入给集体，部分收入给农户。这种方式不失为发展壮大村级集体经济的一个重要举措。

党建引领　共创美丽乡村

——新龙镇下通天村党支部书记、村委会主任邢亚平

人物名片

　　邢亚平，男，新龙镇下通天村人，1975年7月生，汉族，中共党员，大专学历，2010年7月担任新龙镇下通天村委会主任，2016年6月起担任新龙镇下通天村党支部书记、村委会主任。

村庄情况

下通天村共有 4 个村民小组 129 户 648 人，现有党员 30 人。总面积 6 370 亩，其中水田 166 亩，旱田 153 亩，坡园地 500 亩，林地 2 000 亩。土地大部分属于沙质土壤。农业以种植水稻、红薯为主，兼种花生、南瓜、丝瓜、扁豆等，经济作物有芒果 110 亩。近年来，海水养殖业发展较快，全村现有海水养殖池面积 340 亩，其中高位池 230 亩，低位池 110 亩，户均养殖面积将近 1 亩，为全镇户均海水养殖面积最大的村庄。该村先后荣获"东方市先进基层党组织""全国文明村镇""东方市农户庭院整洁建设示范村"等称号。

工作措施

发挥核心作用，提升基层组织服务水平

一是积极开展学习教育。邢亚平坚持以"两学一做"学习教育和"勇当先锋、做好表率"专题活动为抓手，组织党员深入学习十九大、十九届二中和三中全会精神，以及省七次党代会与省七届二次、三次、四次和五次全会精神，特别是习近平总书记"4·13"重要讲话、中央 12 号文件和中办发 29 号文件精神。针对组织农村党员干部学习困难的实际，邢亚平同志会到不愿意出来学习的党员家中，主动做其思想工作，一次不行就多次上门，保证每一个行动方便的党员出来参与学习和活动。对身体不好、行动困难的党员，村党支部开展"送学上门"服务，负责为身体不好、行动困难的党员送去学习资料，并在每个重要学习时段、重点内容学习环节送课上门，发送学习资料 30 多篇，提供面对面、一对一辅导，听取和收集行动困难党员的建议和需求。针对流动党员学习教育，利用选举日以及春节、清明、中秋等各类节假日，组织召集返乡的流动党员到支部报到，采取座谈会、"集中补课"等形式开展学习教育，同时要求党员关注"共产党员"

"南海先锋"和"东方党建"等学习平台，并建立下通天村党支部微信群，开展微信端的线上交流，群里经常发送各类党纪党规和"两学一做"学习材料。以"线上＋线下"强化理论武装，增强党员党性意识，夯实打牢思想根基。二是常态化开展"定标评星"。在党员活动室统一上墙党建相关制度牌和党员定岗定责活动栏，对党员实行评星定级，并对党员

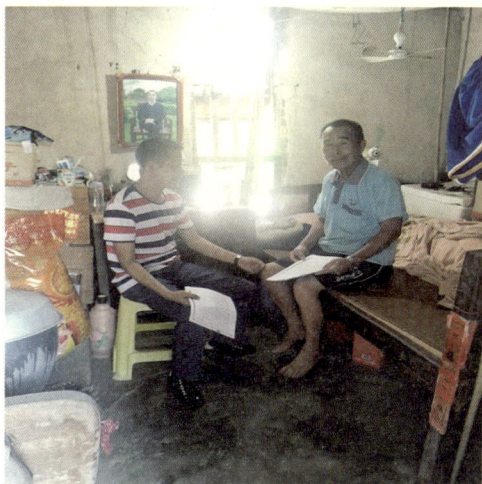

干部发挥作用不明显的扣发绩效补贴，有效地激发党员干部苦干实干的积极性。三是规范党支部基础设施建设。投资 67 万余元，对村委会大楼及大院进行升级改造、美化亮化。下通天村党支部获得 2016 年"东方市先进基层党组织"称号。四是切实解决群众难题。充分发挥带头模范作用，为群众办实事、办好事，不断提升服务群众水平，共协调解决群众难题 29 件，累计为民代办事项 289 件次。遇到一些不会办惠农等业务的群众，安排党员干部或便民代办员帮忙办理业务，受到村里群众的一致好评。

完善基础设施，大力开展美丽乡村建设

开展美丽乡村建设之前，下通天村垃圾遍地、污水横流，村容村貌非常脏乱。为贯彻落实我省美丽乡村创建工作要求，邢亚平在 2016 年以来先后统筹资金 500 多万元，按照"生产发展、生活宽裕、乡风文明、村容整洁、管理民主"文明村建设要求，积极开展各项创建工作。一是对入村主道进行扩建，对环村路进行铺设彩砖及道路两旁绿化美化，对村内 20 条巷道进行升级改造，并投资约 70 万元在村内安装路灯 65 盏，切实解决村民夜间行走不方便、不安全问题。二是投资 50 余万元，改造地下铺埋排污管道 735 米。三是村"两委"坚持做到三个带头，即带头划分卫生责任区，每周三带头下村检查卫生，每月底带头组织村民小组长、党员开展环境卫生大扫除，共组织开展环境卫生整治活动 16 次，清理卫生死角 26 处，起到示范带动作用。四是针对以往农村党员干部作用发挥不

明显现象，坚持以党员"五亮一评"活动为抓手，组织全体党员开展"一句话"承诺，带头服务美丽乡村建设，在落实全村村规民约、环境卫生治理和庭院整治等工作中以身作则、率先垂范，设置党员环境卫生监督岗 26 个，26 名党员划分卫生责任路段。五是收回村民抢占的集体土地 30 亩，投资 24 万余元建设篮球场、休闲广场。原先这 30 亩地是被多个村民抢占，其中就有现任村党支部委员符海参同志的父亲，邢亚平同志多次找符海参同志谈心谈话，做好思想工作；符海参同志也自告奋勇去做其父亲的思想工作，退还村集体土地，其他村民看到也纷纷效仿。通过良好的作风带动民风转变，激发村民发展动力，积极参与支持美丽乡村建设，全村环境卫生排名在全镇长期保持前列。

促进村民增收，推动村庄集体经济事业

邢亚平始终把促进村民增收作为第一工作要务，作为村里的致富带头人，充分发挥战斗堡垒作用和"领头羊"作用。一是推动产业发展。积极引导群众发展种植养殖业，全村建成海水养殖虾塘 86 个共 800 亩；种植大棚瓜菜 835 亩和小辣椒100 多亩，实现产业总收入突破千万元，有效促进村民增收致富。2017 年村集体经济年收入 137 万元，村民人均收入从 2013 年的 5 000 多元增长到 2017 年的 1 万多元，成为远近闻名的"小康村"。二是合理规划土地资源。2012 年 4 月，

东方市土地确权试点工作在下通天村开展，他带领村"两委"干部克服很多困难。在确权过程中，由于当时的测量仪器的精准问题，村干部每天都挨家挨户上门沟通做好思想工作，尊重现实确定土地权益享有人，协调做好开荒大户的让地工作。其中邢亚平多次上门劝说其表哥让出土地，并以身作则带头拿出自家土地，匀给少地农户。按照村集体地确权方案把村集体承包地的95%发包到每个村民手上，并办理整体委托经营管理，土地租金也按面积分给农户。村委会预留60亩对外发包的集体农用地作为诉讼备用地，引导外嫁女、入赘男等在内的处于法律法规和村风民俗边缘的人共90名，通过法律渠道依法维权争取土地。

主要成效

通过一系列创建工作或活动，使全村环境实现美化、绿化、亮化，并被评定为新龙镇农户庭院整洁环境建设示范村。2017年4月14日东方市"2017年海南省整洁庭院"推进工作现场会在下通天村召开。2017年11月获得"全国文明村镇"称号。

2013年5月下通天村率先在东方市完成土地确权试点工作，解决了土地面积不实、四至不清、权属不明的问题，杜绝了农户间、村民小组间的矛盾纠纷，为规范土地管理、土地成片开发、土地规模适度集中发展现代农业奠定了稳定的基础，有利于发展村集体经济。

经验与启发

在党建工作方面

一是抓好支部班子建设。明确分工，压实责任，支部班子按照职责分工抓好产权改革、脱贫攻坚、环境卫生整治、基础设施建设等各项工作，真正做到事事有人管、人人有专责。二是抓好党员队伍建设。通过"三会一课"、谈心谈话、主题党日、学习培训等，加强党员日常教育管理，全面提升党员综合素质。实行"党员包片包户"划分责任区，开展环境卫生整治工作常态化，确保环境卫生整治工作不回潮、不反弹。

在美丽乡村建设方面

结合本地实际，通过"一事一议"和招标招商等，积极筹措建设资金，打造本地本村特色美丽村庄，同时进一步加大美丽乡村建设宣传力度，宣传引导村民养成良好习惯，增强爱护环境意识。

在发展集体经济方面

结合东方市打造宜居、宜业、宜游热带滨海城市目标，以"党组织引领、合作社推动、党员带动、群众参与"的模式，因地制宜，发展下通天村旅游业、养殖业等项目，不断增强村集体经济实力，带动村民创收增收。

用心做事　履职为民

——畅好乡番贺村党支部书记、村委会主任黄月芳

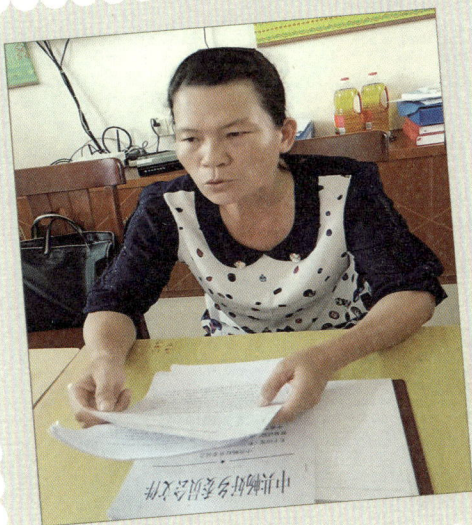

人物名片

　　黄月芳，女，1966 年 8 月生，1996 年 7 月加入中国共产党，2001 年 11 月起任职番贺村党支部书记。2013 年 2 月，当选为十二届全国人大代表。先后被评为"全国计划生育协会先进志愿者"、海南省农村妇女"双学双比"先进女能手、"海南省劳动模范"、"全国农村青年创业致富带头人"、"海南省农村致富带头人"、全国"双学双比"能手、"优秀党务工作者"、五指山市"优秀共产党员"。

村庄情况

番贺村委会位于畅好乡政府所在地北面约 0.5 千米，交通便利，下辖番贺、志毛、什龙、番廷、番那一、番那二、什托一、什托二等 8 个村民小组，全村总户数 259 户，人口 975 人，是全乡人口最多、村小组最多的村委会。集体土地总面积 14 376.79 亩，其中，集体村地面积 6 790.84 亩，公益林 3 771.46 亩，商品林 3 019.38 亩，对外发包面积 348 亩，对内发包 130 亩，其他用地 300 余亩。党支部现有党员 67 名，其中男党员 49 名，女党员 18 名，预备党员 1 名。目前，全村主要作物有橡胶、槟榔、冬种瓜菜、水稻，其中橡胶 2 296 亩，槟榔 345 亩，冬种瓜菜基地 300 亩。近年来，全村不断发展林下经济和庭院经济，另外还有个别农户向高效养殖方面发展，年人均纯收入为 9 350 元。

工作措施

心系群众，为民办事

（一）大力发展农村经济

黄月芳同志深知，一个好的村党支部是全村经济、社会等各方面不断取得进步的根本保证。为了建设好番贺村党支部，解决村委会没钱办事、为民办事难的问题，她决定发展村集体经济。2015 年通过乡政府的帮助，得到了省、市两个扶贫挂钩单位的种苗支持。她带领村委会干部、党员和村民一起开发村集体经济基地，她本人也先后投入了 1 万多元，种上了 30 亩橡胶和 20 亩槟榔，为今后解决村委会没钱办事的问题打下良好基础。

（二）创新发展特色产业

在加强传统橡胶、槟榔管理的同时，黄月芳同志与时俱进，积极考察特色种植养殖产业，并结合村委会的实际情况，利用几年养鸡掌握的实用技术，发挥山鸡养殖价值高、易养易管的特点，带领村里的干部群众搞起了规模化养鸡，培养林下新的经济增长点，由传统农业向现代农业转型。在争取到乡委、乡政府及各挂钩扶贫单位的支持帮助后，黄月芳同志率先试行，开始了艰难的创业。由于运用了科学的管理方法和科学的饲养技术，黄月芳同志养鸡的效益越来越好，对于养鸡事业更有信心了。番贺村委会周边生态良好，植被丰富多样，黄月芳认为发展蜜蜂养殖应该前景乐观，在她的影响下，番贺村委会村民开始在村里试养蜜蜂，经过一年多的发展，全村养殖蜜蜂从最初的几十箱发展到了几百箱。接下来她将继续做好村民发家致富的"探路人"，积极发动群众养殖特色品种，不断推进番贺村委会经济发展。

（三）完善基础设施建设

黄月芳在原有文化设施基础上，筹集资金，建起了高标准灯光球场，定期组织篮球、乒乓球等文体活动，积极引导村民参加各项有益健康的活动。进一步完善群众基础设施建设，改善生产生活条件，群众得到了极大的实惠，幸福指数得到了大幅提升。针对番贺村委会下辖的几个村小组"下雨一身泥，天晴一身灰，灯照无人街，有人在摸黑"的问题，黄月芳有了加快村道硬化的想法，并积极争取到了乡委、乡政府及市挂钩帮扶单位的支持。

（四）勇当扶贫先锋

番贺村是畅好乡唯一的"十三五"建档立卡深度贫困村，为带动贫困户增收脱贫和贫困村如期脱贫出列，进一步打赢打好脱贫攻坚战，黄月芳带领"两委"班子，积极谋划发展村集体经济树仔菜种植项目。一是配合乡党委政府探索以"村干部＋村集体经济＋贫困户"模式壮大集体经济发展，以村务协商议事会平台，充分调查研究，进一步凝聚群众力量，调动基层群众积极参与村级事务的讨论和决策，根据番贺村委会集体土地面积小的不足，不断研究探索发展壮大村集体经济新途径。二是深入发动群众，形成思想共识。作为村党支部书记，黄月芳充分发挥基层党组织桥头堡作用和党员先锋模范作用，深入发动群众，挨家挨户做思想工作，由村"两委"干部带头，农户向村集体转让农村土地经营承包权，由村集体统一经营农户自愿转让的土地，实现土地集约化管理，促进产业规模化发展。三是盘活资源要素。形成资源叠加效应，提高资源利用率，实现村集体、出租地农户、贫困户在发展壮大集体经济、收取租金和劳务费中实现"三者互赢"。在黄月芳的积极带动下，番贺村集体统一承包经营64户农户自愿转让土地，按照每亩每年支付农民 1 400 元租金，目前集中承包连片土地 44.6 亩。四是发挥党组织和党员作用。黄月芳作为番贺村委会党员突击队带头人，为群众诚心诚意办实事，尽心竭力解难事，坚持不懈做好事。党员突击队充分发挥党员先锋模范带头作用，无论是在脱贫攻坚还是在建设美丽乡村上都积极发挥表率作用。帮助缺劳动力的贫困户和低保户，进行房屋批荡，保障了他们的住房问题；抢修定哥水利，确保了群众的农业灌溉用水；拆除清理违建工作，确保番贺村委会美丽乡村建设进度；在乡党委举办的以"情系千万家·粽香暖人心"为主题的端午节活动中，组织村民到村委会包粽子。日常工作中更是深入番贺村委会的 8 个村小组中，清挖排水沟、蓄水池，清扫村道垃圾，帮助有困难的群众解决问题，等等，给老百姓营造了一个良好的生活氛围。

倾听民声，为民履职

作为一名人大代表，黄月芳同志始终把维护农民的根本利益放在第一位。她来自基层，生活在群众之中，处在百姓之间。她经常下村走访农户，密切联系群众，广泛听取和征求群众意见和建议，及时反映他们的呼声和诉求，主动为群众分忧解愁，并积极主动参加乡人大组织的各种活动，认真履行一名人大代表的神圣职责。在每年的人代会期间，她提出了许多"民心"议案、意见和建议。譬如解决全乡的饮水难、饮用水不卫生问题；乡小学、中学的危房改造问题；加快建设全乡水利渠道浇灌问题；等等。这些都是群众一直关心的热点、难点问题，她的提案引起了乡政府的高度重视和支持，有些问题已得到妥善解决。当人大代表以来，她提出的议案包括农村饮水设施建设、硬化公路建设、水利及桥梁修建、文明生态村建设、农村文化活动场所等，有 70 多件，政府已落实的有近 70 件。

作为一名人大代表，黄月芳在辛苦工作之余，不忘提高自己的履职能力，经常抽出时间来学习党的路线、方针、政策、法律知识和科技知识。平时注重密切联系群众，注重关注民生问题，如实反映群众的意见和呼

声。她利用人代会、代表小组活动、人大视察等多种渠道，积极向人大、政府提建议。村民们都说，番贺的发展离不开黄月芳，她是一个全心全意为村民办实事的好书记、好主任。

主要成效

创新经济发展合作模式。村集体通过向农户承包连片土地，化零为整，建立树仔菜种植基地，采取"村干部＋村集体经济＋贫困户"模式进行生产经营，把村集体经济打造成集约化、产业化经济。黄月芳及村"两委"干部带头，发动76户贫困户入股合作，树仔菜项目每年的纯收入村集体占30%，贫困户占60%，10%用于贫困户参与劳动的奖励金。截至目前，共收入7万多元，共分红5万多元，每户贫困户分红280元至760元不等。在黄月芳的精诚服务下，现全村76户贫困户已脱贫69户。下一步，黄月芳将继续带领村"两委"干部和贫困户建设树仔菜大棚，提高产量，增加产值收入。在黄月芳同志的帮助指导下，还带动了周边群众发展养鸡业，群众养鸡的积极性也不断提高，养鸡的规模逐年扩大，收入不断增加。

此外，在经济建设中她更注重培养党员致富能手。先后培养村党员致富能手16人，并充分发挥这些党员的模范带头作用，不断推进番贺村委会经济快速发展。

现在，番贺村委会在黄月芳及"两委"班子的努力下，各村小组的村道都得到了硬化绿化。接下来，黄月芳将继续带领村"两委"班子努力争取亮化工程的实施和建设新的村级活动场所，满足村民日益增长的文化需求。

经验与启发

"春蚕到死丝方尽，蜡炬成灰泪始干。"这是作为一名共产党员对生命价值的追求。"凡事都要脚踏实地去作，不驰于空想，不骛于虚声，而惟以求真的态度作踏实的工夫。以此态度求学，则真理可明，以此态度做事，则功业可就。"这是李大钊的一句格言，也是基层干部追求的真实写照。

善谋思路　实干为民

——通什镇番赛村党支部书记、村委会主任王梅珊

王梅珊，女，黎族，中共党员，五指山市通什镇番赛村人，现任番赛村委会党支部书记、村委会主任。

村庄介绍

番赛村委会下辖番赛、空恋、草仁、大道、草好、番介 6 个村民小组，全村以黎族为主，共 186 户 845 人，其中低保户 24 户 36 人，五保户 3 人；土地总面积 14 333 亩，其中耕地面积 511 亩，村民经济收入来源以种植水稻、短期瓜菜和外出务工为主。主要作物有水稻、高山蔬菜、益智、生姜、油茶等。

近年来，通过镇政府和村委会的正确引导，大力发展符合山区特色的经济作物，在市民宗局的帮扶下，发动群众建立了 200 亩大叶茶生产基地，帮助 12 户农户增收致富，以点带面，通过创建示范点带动群众发展增收。

工作措施

加强班子建设，提高村委会班子成员整体素质

为把番赛村委会建设成为一个团结高效村委会，王梅珊同志想到的是必须加强村委会班子建设，提高班子战斗力，提高班子队伍整体素质，以发挥党员的先锋模范作用。首先她把能紧跟时代形势发展、党性强、作风正、有魄力、有文化、懂技术的党员纳入班子当中，不断加强班子凝聚力和战斗力，形成一个坚强的战斗集体。其次，她注重强化班子队伍管理，针对番赛村居住分散、不易集中等特点，采取定期与不定期组织学习教育相结合，召开班子会议及民主生活会。她时常组织班子成员进行思想交流，沟通感情，对重大问题实行集体讨论并做出决策。通过开展谈心谈话、召开座谈会、发放征求意见表等方式广泛征求干部群众和单位意见。其中面对面和党员干部谈心 38 次，多次召开党员座谈会，曾发放《番赛村"两委"班子、党员作风建设情况征求意见表》27 份，共收集到意见和建议 16 条。同时，建立健全各项规章制度，实行村务公开，接受群众监督，以制度规范党员行为，管人与管事相结合，做到分工明确，使班子事事有人管，件件有着落，进一步增强了班子的战斗力、凝聚力和号召力，增强了彼此之间的

理解与信任，密切了干群关系。

善谋思路，促进经济发展

番赛村委会是一个少数民族聚居地，村民文化素质低、生活条件比较困难。为了做好各项工作，特别是村委会工作，王梅珊同志经常早出晚归，深入各家各户谈家常，进行工作交流，了解农户生活疾苦和妇女生活情况，听取他们的心声，为他们排除生活中的烦恼和忧愁，办他们所急所困之事。即使是一件小事，她都会认真做好。王梅珊同志自上任以来，从没有因困难而退缩过，相反对党的事业更加执着。在工作中，她坚持"两手抓"，做到"两不误"，以身作则，带领群众发家致富。她紧紧抓住契机，发展种植业，特别是以种植生姜、紫珠等发展经济，年收入2万多元。她的爱人以运输业为辅助，不断增加自己的家庭收入，也带动周边群众发展经济。在她的参与和指导下，村里先后发展忧遁草、茶叶种植业，并种植槟榔100亩。此外，创建党员种植示范户1户，种植胡椒面积成规模、有效益。

王梅珊同志经过精心调研，尝试建立红山区大叶茶生产基地，她充分利用农村剩余劳动力，组织村里6名妇女成立了番赛村新生新种养农民专业合作社。为了更好地掌握优秀茶叶生产技术，王梅珊同志个人出资组织合作社成员去水满乡茶叶生产基地学习茶叶种植技术，为今后茶叶生产打下基础。合作社中有两名成员由于家人外出务工，缺乏劳力管理，栽种遇到困难，王梅珊同志知道后，主动帮忙栽种，负责管理。如今，番赛村新生新种养农民专业合作社在市民宗局的帮扶和镇政府的指导下，建立了 200 多亩大叶茶生产基地，参与农户增至 12 户，以点带面，通过创建示范点带动群众发展增收。

心贴群众，实干为民

全心全意为人民服务是党的优良作风。在她的带领下，向市、镇相关部门申请新建番赛村主干道路段桥梁，并配合工程队做好桥梁建设工作；在台风灾后的重建工作中，带领村支部积极抢修番赛村空恋小组被冲断的便桥，及时组织群众抢修多次，确保群众出行安全。为保障村民饮水安全，村委会积极向水务局和镇政府寻求帮助，及时维修番赛村空恋小组老旧水管，确保 87 户群众的饮水安全。在民房改造工作中，她积极贯彻镇委、镇政府的工作决策和意图，在扶贫工作队的大力扶持下，组织党员干部深入群众，挨家挨户与群众促膝交谈，耐心地做好群众思想工作，积极组织发动群众备石、备料，抓好番赛、草好等村组民房改造。同时，她积极指导各个村小组做好村容村貌环境卫生综合整治工作，切实使每个村做到了"牛入栏、猪入圈"。积极开展"创建生态文明村"活动，开展爱国卫生运动，清除卫生死角，普及卫生保健知识及群众卫生教育工作。在她的积极帮助下，群众生产生活条件得到了改善，农村精神文明建设有了新进展，番赛各村的村容村貌焕然一新。

主要成效

她积极配合好省、市、镇扶贫领导小组入户调查工作，认真登记贫困户建档立卡工作。带动引领群众发展经济，成立专业合作社，以种植茶叶 600 亩、益智 900 亩、油茶 1 100 亩、忧遁草 300 亩、生姜 100 亩、胡椒 60 亩为主导产业，以养五指山山猪、鸡、鹅、鱼为辅助增收产业。她带领村班子对重点基础设施建设狠抓落实，共修建番赛村跨桥 1 座，防洪堤 200 米，草仁村水利渠道 2 300 米，草仁村饮水工程 4 000 米，草好、大道村文化室各 1 间。落实 2018 年新型农村合作医疗个人缴费部分政府全额代缴共 97 户 351 人，危房改造 4 户，解决残疾、五保、低保、医疗救助申请所需解决的难题。

番赛村委会在王梅珊同志的带领下，不断加强自身建设，加快经济的发展，为实现脱贫致富奔小康做了大量工作，取得了一定的成绩，得到了群众的赞扬。王梅珊用热血和汗水使贫困落后的番赛村委会发生了喜人的变化，她身体力行，努力践行一名共产党员的职责，赢得了上级领导和全村群众的高度评价。

经验与启发

在农村工作中，要体现出一名共产党员扎实的工作作风和勤政为民的优良品质。要始终牢记为人民服务的宗旨，并经常深入群众，了解群众疾苦，切实帮助群众解决实际困难。要以身作则，充分发挥党员先锋模范作用。农村支部书记既是指挥者，又是战斗员，要积极组织党员干部深入各村各户开展工作，不怕苦，不怕累，不畏难，不管刮风下雨，坚持入户了解民情，以实事求是的态度服务群众。

群众脱贫致富的领路人

——毛阳镇毛栈村党支部书记、村委会主任王胜

人物名片

　　王胜，男，黎族，中共党员，大专学历，2016 年当选为村支部书记、村委会主任。2016—2017 年被中共五指山市委评选为"优秀共产党员"，2017 年当选为省人大代表。

村庄情况

　　毛栈村位于红色革命老区毛阳镇北部，距镇区 1.5 千米，至五指山市区 25.9 千米。全村共有方满、什购、什苗、什寸劳、什发等 8 个村民小组，现有人口 468 户 1 697 人，是毛阳镇人口最多的村民委员会。全村共有耕地 1 772 亩，其中，水田面积 811 亩，旱田面积 961 亩，人均土地面积较少。村民经济来源以种植养殖和外出务工为主，特色养殖主要有五脚猪、野山鸡等，种植有水稻和冬种瓜菜。2016 年初全村建档立卡贫困户 65 户 238 人，占总人口的 14.14%，是五指山市里确定的 8 个整村推进村之一。

工作措施

　　王胜同志是土生土长的山里人，养成了坚韧不拔、吃苦耐劳的性格。早年外出务工，在工地、淀粉厂摸爬滚打，拓宽了视野，返乡后自主发展养殖、种植，遇上行情不好时，出栏的猪销路不畅，就杀猪沿村叫卖。由于头脑灵活，能敏锐地抓住市场，开始收购槟榔、橡胶等本地经济作物转售，王胜成了村里第一批先富起来的能人，在村民心里树立了勤劳致富的榜样。致富后的王胜积极加入了党组织，学习党的理论思想和方针路线，以更高标准要求自己，立志为毛栈村的发展做出更大贡献。2016 年，王胜同志高票当选毛栈村党支部书记、村主任，恰逢中央实施精准扶贫攻坚，他喜出望外——帮助村民脱贫致富是他多年来的愿望。

以抓班子强队伍为抓手，引领群众发展特色产业

　　2015 年以前，毛栈村党支部一班人不团结，战斗力也不强，带领群众发家致富的能力不足，村民不拥护不支持党支部工作，属于组织涣散、战斗力弱、需要大力整改的党支部。2016 年，王胜当选为村党支部书记、村委会主任后，充分认识到要想引领群众发家致富，必须建设一个坚强有力的支部战斗堡垒作

为保障。一是打造"双带型"村"两委"班子。建立村"两委"工作例会制度，每周一召开工作例会，传达学习党和政府的有关政策及会议精神，动态掌握工作进度、研究解决实际问题。做出为民服务"事不过夜"承诺，提出"四个不讲"要求（即不讲"不知""不管""不行""不办"），确保"两委"班子成员抓村务工作和抓个人发展两不误，促进"两委"班子成员带头致富作用更好地发挥。二是创建学习型党支部。村党支部将"两学一做"学习教育与脱贫攻坚有效融合，严格执行"三会一课"等制度，定期检查党员笔记，定期通报学习情况，确保学习不走过场、取得实效，党员干部党性意识、宗旨意识和发展意识不断增强。三是干部带头发展特色产业。一直以来毛栈村人多地少，受传统观念影响，种植养殖品种单一，虽大力种植冬季瓜菜，但受种植技术和市场价格波动等因素影响较大，收入不理想，种植积极性不高。为拓宽农民增收渠道，调整种植结构，王胜深入五指山、琼中等市县周边农贸市场，挖掘常年瓜菜商机，并精心组织种植试验。为让农户放弃种植晚稻的传统种植观念，他多次深入农户家进行动员，转变了群众发展生产的陈旧观念。2016 年开始，王胜成立了五指山市宝胜种养专业合作社，采取"合作社 + 农户 + 市场"的模式（合作社提供技术、农资、保底价收购），带动周围几个村委会的农户共同发展。2018 年王胜的合作社带动了 130 多户农户实现收入近 130 万元（其中贫困户 30 多户，人均增收 1 万余元）。在王胜的带领下，村"两委"干部中有 3 位是致富带头人，带动了毛阳地区 240 户（其中贫困户 70 户），共同打造了毛阳冬种瓜菜和五脚猪特色品牌，冬种瓜菜带动农民增收近 200 万元，五脚猪合作社实现盈利分红 5.2 万元，极大地推进了毛栈村的脱贫攻坚工作。

以抓产业促发展为突破，引领群众实施致富新路

2015 年以前，毛栈村没有一个村集体经济项目，是典型的"空壳村"，为了改变现状，王胜积极探索，不断努力。一是积极探索致富路径。深入开展"学习《塘约道路》，积极探索致富路子"主题活动，组织党员共同学习《塘约道路》，围绕如何发展村集体经济进行了多次讨论，制定了毛栈村三年发展规划，以发展常年瓜菜种植、五脚猪养殖产业等为重点，大力推进"一村一品"建设。2017 年全村共种植瓜菜 468 亩，养殖五脚猪 600 多头。二是启动抱团发展模式。积极探索"村党支部 + 集体企业"发展模式，制定了《关于五指山市毛阳镇毛栈村生猪

标准化养殖基地（扶贫基地）实施方案》《毛栈村委会田头冷库建设项目实施方案》《毛栈村委会发展秀珍菇种植产业实施方案》等村集体经济项目方案，在省编办、省市农业部门、镇党委政府的支持下，筹集资金153万元，确保项目落地实施。利用毛栈村种植瓜菜传统优势，争取市农业局资金195万元实施水肥一体化项目，通过"村集体＋农户"的发展模式，打造毛栈村400亩常年瓜菜基地，做大做强瓜菜种植产业，带动农民增产增收。2016—2017年度，累计投入约1 300万元扶持产业发展和基础设施建设，毛栈村村容村貌和产业发展得到了有效提升。三是发挥帮扶单位共驻共建作用。村党支部协调联合帮扶单位党组织共同开展重温入党誓词、参观警示教育、开展帮助危房改造和采摘忧遁草等系列党员活动，丰富了党支部组织生活内容和方式，在村集体经济谋划和发展过程中，帮扶单位献言献策，帮扶资金80余万元，拓宽了村"两委"视野，为村集体产业发展提供思想和资金保障。

以抓制度立规矩为基础，引领群众探索保障机制

没有规矩，不成方圆。没有好的规矩和机制，群众发家致富从何谈起。一是全面落实"四议两公开"等制度。坚持村领导班子带头执行制度，村"两委"干部、村务监督委员会成员、村民代表等村务参与人员养成按制度办事的思想和行为自觉，2016年村务工作开展以来，未发生村务经办不规范或违纪违法行为。二是制定村规民约，执行"红十一条"和"黑名单"管理机制。针对部分党员纪律散漫、村组干部及村民代表参与村务积极性不高和村民对公益事业存有谈条件等状况，通过组织党员和村民代表学习《塘约道路》，共同商议制定了《毛栈村村规民约》，经过村民代表会议讨论决定，在全村实行"红十一条"和"黑名单"管理机制，引导村民树立良好村风民俗，建立完善毛栈村民主管理和约束的长效机制。三是探索制定村集体经济项目的管理制度。参照企业规范管理有关要求，制定《毛栈村委会高山食用菌有限公司章程》等项目章程，确立村党支部在村集体经济项目中的主导地位，探索制定集体企业的财务、人事、发展等管理制度，推动集体经济项目稳定健康发展。

以抓教育扶志气为根本，引领群众转变思想观念

要致富靠教育，要脱贫靠转变"等靠要"思想观念和改变农民习惯的种养模式。如何引导群众积极参加学习教育培训，提高思想认识，增强致富技能，这是支部一班人应形成的重要共识。一是充分发挥脱贫致富电视夜校作用。抓好每期电视夜校的组织收看工作，组织群众学员认真学习、踊跃交流，并合唱《感恩的心》，激发群众内生动力，提振精神面貌。二是广泛开展宣讲教育活动。邀请帮扶单位领导进村宣讲党的十九大和省七次党代会精神，传递党和政府关于发展群众发家致富和脱贫攻坚的战略部署，提高群众致富的信心和决心。2016 年以来，第一书记与村"两委"班子深入 8 个村小组召开村民大会，宣讲扶贫政策、惠农政策和《毛栈村村规民约》，提高群众的政策知晓率，倡导村民移风易俗、诚实守信，不隐瞒收入、不争当贫困户，转变"等靠要"思想。三是积极开展走访活动。定期组织党员干部入户走访贫困户和一般农户，及时了解群众困难和需求，力所能及地帮助解决实际问题，同时加强思想引导，鼓励群众学习技术、发展生产，推动全村共同转变观念、积极发展产业。

主要成效

2016 年底，毛栈村按时完成整村脱贫出列任务，2018 年贫困发生率为 1.4%，

稳定在 2% 以下。2016 年以来，在王胜的带领下，毛栈村每年冬种瓜菜 400 多亩，带动农民增收约 200 万元，是毛阳镇冬种瓜菜主产区。目前毛栈村集体有 1 个秀珍菇基地、1 个田头冷库项目产业，正在推进 1 个生猪养殖和 1 个常年瓜菜基地项目建设。截至 2017 年底，全村累计完成贫困户退出 54 户 190 人，剔除 10 户 37 人，因政策规定，剩余 1 户 3 人计划 2018 年安排脱贫，全村贫困户人均年纯收入 8 000 元以上，稳固实现不愁吃、不愁穿。全村未发生义务教育适龄学生辍学情况，村民基本医疗得到有效保障，贫困户住房安全保障率 100%，农户脱贫致富的信心和决心进一步增强。

经验与启发

当好村支书，要做到心中有民

只有像王胜同志一样，对群众充满深厚情感，始终想着为群众做事，善谋群众脱贫致富之策，能做群众脱贫致富的领路人，才能得到群众的好评和认可，赢得群众的真心拥护。

当好村支书，要做到心中有责

没有责任心，再小的困难也可能成为"拦路虎"；只要心中有责想干事，就没有过不去的坎。这两年来毛栈村在高速路征地建设、脱贫攻坚、生态环境六大专项整治的重点工作任务中，面对不少困难和问题，还有群众的不理解、不支持，都是依靠以王胜书记为领头人的村干部担责尽责，才能顺利解决问题，为村内各项事业发展提供坚强保障。

当好村支书，要善于发动群众、团结群众、带领群众

无论是产业发展、基础设施建设，还是社会管理工作，村"两委"所开展的各项工作，出发点、落脚点都在群众，只有充分发挥群众主体作用，调动其主观能动性，一切为了群众、一切依靠群众，各项工作才能顺利推进。

强化学习促管理　先锋引领助脱贫

——毛道乡毛卓村党支部书记、村委会主任朱照龙

人物名片

　　朱照龙，男，黎族，1968年7月生，2009年9月加入中国共产党，毛卓村委会保龙村小组人，2013年8月至今，担任毛卓村党支部书记、村委会主任。

村庄情况

毛卓村委会位于毛道乡政府北部，距乡政府 7 千米，管辖番道、成暖、猿文、什托、什龙、保秀、保龙、毛农、红沟 9 个村民小组，共 383 户 1 263 人，其中男性 533 人，女性 730 人，总劳动力 683 人，全村耕地面积 765 亩、园地 945 亩、林地 29 000 亩、橡胶 12 243 亩（其中开割 10 000 亩）。以发展热带经济作物为主，主要种植槟榔、香蕉、益智、胡椒、辣木、忧遁草、黄秋葵，并成立农民专业合作社。毛卓村党支部是 2012 年度、2013 年度、2016 年度、2017 年度全市先进基层党组织，并在 2016 年五指山市农村（社区）党组织星级目标评选中获评四星级农村（社区）党组织。

工作措施

狠抓队伍建设，提高执行政策水平

从 2013 年上任伊始，朱照龙就着力思考毛卓村的发展大计，经过一番苦苦思索，最后，他得出结论：造成村里落后的原因，首先是"人"的问题没有解决好。于是，他一上任，就把村班子建设紧紧地抓在手上，一是在提高班子执行政策水平和解决处理问题的潜力上入手，针对个别党员干部认识不清、方向不明的问题，有针对性地加以认真分析、个别谈话，帮助他们在认识上找差距，在行动上找原因，使支部全体党员在耐心细致的工作中受到教育。二是加强学习，不断提高自身素质。他始终把建设高素质的党员干部队伍作为一项根本的任务来抓，任务再重，工作再忙，从未动摇。他经常教育大家，要做好新形势下的农村基层工作，务必保持与时俱进的精神状态，把学习作为一种职责，作为立身做人的一部分。他认真学习党的农村工作的路线、方针、政策，深学常思，并给群众进行讲解说明。他十分注重对全体党员的学习培养教育，不断提高党员的思想素质。他领导支部严格执行"三会一课"、村"两委"会学习、党员议事、民主生活会、党风廉政建设、党员一对一帮扶等制度，使支部工作制度化、规范化，支部班子整体合力不断增强。全体党员为民服务意识不断增强，党员干部的思想进一步提高。三是加强民主管理，搞好班子团结。成立村务监督委员会、村务议事协商委员会，并制定了相应的工作制度，定期听取各项工作的落实状况汇报，避免了以往各项制度贴在墙上得不到落实的现象。

敢为人先发展产业，成果丰硕造福村民

"村看村，户看户，群众看党员，党员看干部。"作为一名共产党员，朱照龙同志一直严格要求自己，认真学习，努力工作，以身作则，身体力行，用实际行动引领群众发展生产。2012 年，毛道乡大力发展长豇豆种植，但是很多群众不愿意尝试，不敢去种植，朱照龙同志带领村"两委"，率先带头，承包农民土地 153 亩，全部种植长豇豆，让群众放心种植。2014 年以来，朱照龙同志还率先带头种植朝天椒、忧遁草、树仔菜等特色产业，成为村里的致富带头人，也成为农民种植的风向标。2016 年，毛道乡大力推广百香果种植，有的群众对百香果种植的效益和产量产生怀疑，种植信心不足，朱照龙同志直接在自家水田中种植 3.5 亩的百香果，示范带动其他群众种植，通过他的大力示范引导，全村种植的百香果面积已经达到 100 亩。2018 年，他主动发展产业，种植 8 亩油茶，并带动 1 名贫困户。他说："要打消群众心里的顾虑，党员干部就要主动带头发展，群众都是看在眼里的，只有这样，群众才会把顾虑和担忧放下来，党员干部要做敢于吃螃蟹的第一人。"朱照龙同志也在群众中树立了威望，成为人民群众的"引路人"。

统筹谋划基础设施建设，提高农业综合生产能力

朱照龙同志除了在种养产业上大力发挥模范带头作用外，还大力宣传国家惠农扶贫政策，积极为群众排忧解难，切实解决群众面临的实际难题。2016 年以来，先后争取市、乡资金为保龙村建设环村道路 150 米，为红沟村建设挡土墙，为保秀村建设集体猪圈；利用为民办实事资金，解决毛农村群众灌溉缺水难题；为困难群众申请建房资金；联合帮扶单位和帮扶责任人，结合贫困户实际情况，解决贫困群众的需求，以实际行动践行全心全意为人民服务的宗旨。保龙村民说："朱书记对我们村委会的各项工作都很上心，在他的带动下，我们的村民和

党员更加团结，让我们对走上小康道路更有信心。"

抓好精神文明建设，推动各项事业发展

为丰富群众业余生活，树立良好文明新风尚，倡导积极健康的生活方式，朱照龙同志十分重视加强精神文明建设，结合"文明大行动"，举办了"毛卓村第一届农民联欢晚会"，还动员群众破除封建迷信，简化婚丧嫁娶事宜，开展多种形式的文化娱乐活动，提高村民的思想文化素质。利用"农家书屋"丰富党员、村民的文化生活，在村委会放映电影、组织群众排练广场舞，参加市、乡举办的各类文艺演出和体育比赛活动，积极推进社会主义新农村建设。

"说得好不如做得好。"十年的村"两委"任职，朱照龙同志始终以自己的实际行动做表率，廉洁奉公、恪尽职守，带领群众发展产业，帮助群众解决生产生活难题，赢得了群众的信任和支持，先后荣获市级、乡级"优秀共产党员"称号。在脱贫攻坚的关键时期，朱照龙同志继续以身作则，身体力行，用行动来践行共产党员的光荣承诺。

主要成效

加强教育引导，严格党员队伍管理

一是建立村级后备干部库，将综合素质好、懂经营、善管理的致富带头人纳入村级后备干部队伍，改善党员队伍结构，加强带头人队伍建设。二是完善党员信息管理系统，对党员实行动态管理，积极为档案缺失党员补办党员档案。三是按月足额收取党费。每月定期在党务公开栏进行公示。四是制定《毛卓村党支部"党员活动日"活动实施方案》，将每月15日定为党员活动日，并制定了每个活动日的主题，组建了共产党员突击队，先后开展了卫生大扫除、铺植草皮、铺接灌溉水管、百香果灾后自救、拆除沿路乱搭乱建等活动。

完善"三会一课"，推进"两学一做"持续深入

一是坚持"三会一课"制度，每月定期召开支部委员会和党小组组长会议，每季度定期召开支部党员大会，带头为党员上党课。二是按照毛道乡党委的工作安排，扎实推进"两学一做"学习教育，制定了《关于在毛卓村党员中持续开展

"两学一做"学习教育实施方案》，开展"回头看"，推进"两学一做"学习教育常态化制度化。制定"两学一做"学习计划，为党支部和每位党员制定"负面清单"及整改清单，边整改边学习，将"两学一做"专题学习教育与日常工作相结合。三是落实党员承诺制。开展党员亮身份活动，每户悬挂"党员之家"，张贴党员的公开承诺，增强党员的荣誉感、责任感。

以党建为引领，助力脱贫攻坚

2017年以来，加强与帮扶单位市国资办和中国移动五指山分公司之间的沟通联系，发挥党员先锋模范作用，利用各方资金和人力物力，做好脱贫攻坚工作。一是利用中国移动五指山分公司的扶贫资金购买种兔兔苗，将20户贫困户纳入番丁种养专业合作社集体养兔，并进行了首次集体分红，成为全乡第一个进行分红的合作社。二是发动党员致富带头人带动贫困户抱团发展。计划发展豪猪、黑山羊和养蜂三大产业，覆盖所有未脱贫的贫困户。与施工队达成协议，让贫困户参与到村级工程建设中来，让有一技之长的贫困户在家门口就业增收。三是组织村"两委"、各村组长、妇女组长到畅好乡、南圣镇等地参观学习，组织村"两委"和致富带头人参加电商培训、考察琼中什运乡种桑养蚕产业，借鉴其他村委会的成功经验，优化本村发展结构。

用好集体资金，为民办实事好事

一是制定每年为民办实事工作目标，明确列出十大民生实事，并逐一完成。二是深入走访调研，听取群众意见建议。充分利用脱贫致富电视夜校、"两学一做"电视夜校等平台大力宣传国家扶贫惠农政策，发动群众种植百香果、朝天椒、黄秋葵等特色产品。每周四晚上在村委会放映专题片和电影，丰富村民业余文化生活。三是加强基础设施建设。2017年以来，什龙村文化室、保龙环村路、保秀集体猪圈、田间路硬化、各村挡土墙与排水沟建设基本完成，基础设施进一步完善。四是协调化解矛盾纠纷。先后对牛吃水稻问题、槟榔权属问题、建房占地问题等进行调解，化解矛盾纠纷6件次，促进农村和谐稳定。五是为民办实事。2017年以来，共使用为民办实事工作经费8.5万元，用于毛农村灌溉水管、困难户建设新房、村委会沿路环境改造等方面。

经验与启发

抓党建，做表率

抓好党支部建设，重要的是让支部在基层工作中唱主角，成为团结群众的核心、教育党员的学校、攻坚克难的堡垒。作为党支部书记，要带头履行岗位职责和责任，要以上率下，发挥党员带头示范作用，坚持落实上级要求与党支部具体实际相结合，分层分类谋划，求真务实推动，鼓励创新，发挥党支部自我净化、自我提高的主动性、积极性。

抓创新思路，全面加强党建工作

做好班子直接联系服务群众，抓好各村支部流动党员驿站建设工作，加强对流动党员的服务管理。要发挥党员增收示范点作用，稳步扩大特色种养业，促进农村一、二、三产业融合突破，同时完善乡、村两级便民服务和代办网络，方便群众办事和探索农村电商。加强党务和村务指导监督，纠正惠农政策不到位问题。通过加大对农村集体经济发展的投入力度，在资金、物资、技术等方面给予适当的扶持，为农村集体经济发展创造良好的环境，使之形成自我发展的能力。

敢为人先　身体力行带领群众脱贫致富

——南圣镇什兰村党支部书记、村委会主任李国强

人 物 名 片

　　李国强，男，黎族，1974 年 8 月生，海南五指山人，大学专科学历，2013 年加入中国共产党，于 2016 年 6 月选举成为新一届什兰村党支部书记、村委会主任。

村庄情况

　　什兰村委会，下辖毛运、吐南、什兰一、什兰二、市队、草头、牙南下一、牙南下二共 8 个村小组，共有 477 户 1 597 人，其中建档立卡贫困户 110 户 371 人，贫困发生率高达 23%。全村耕地面积少，主要经济收入来源为种植槟榔、橡胶、瓜菜。村集体经济收入长期保持在 6 000 元上下，主要是依靠出租集体土地获取，是个不折不扣的"空壳村"和贫困村。大部分贫困户不分白天黑夜，兴致来了就聚在一起扎堆喝酒，不打工、不务农的懒惰思想仿佛在他们身上扎了根。村委会仅有微薄的村集体经济收入，连给村民打扫卫生、修建挡土墙的务工费都无力支付，日子一久大家工作补贴家用的积极性严重被打击。李国强上任后第一件事就是组织村"两委"班子，多次开会分析，找准问题根源，对症下药，同时积极争取政府资金扶持，全力转变全村面貌。

工作措施

　　"我们村党支部整合土地 148.68 亩，于 2017 年 7 月建立五指山南圣旺圣合作社，带动贫困户 103 户，目前种有树仔菜 50 亩、四棱豆 48 亩，2017 年底至今，共取得 20 万元的收益。"2018 年 7 月 24 日，村党支部书记李国强在成立一年的合作社里娴熟地为副省长刘平治介绍合作社经营发展情况及未来工作展望。

全面调查，整合资源

　　李国强走马上任的第一天便召集班子成员召开紧急会议，对当前的贫困户致贫原因进行详细分析，同时挨家挨户了解贫困户产业需求情况，为"穷病"号脉，找准病因。当了解到大部分贫困户是因为缺乏内生动力时，他当即决定借助党委政府的支持，采取"党支部 + 合作社 + 贫困户"发展模式，积极向上级政府申请财政资金 450 万元，倾力打造合作社，发展自己的特色产业。经过反复的讨论研究及外出调研考察，村"两委"班子决定选择以态势好、具有南方特色的树仔菜作为主打产业，全面铺开种植。"整合土地说起来轻松，但我们不断游说村民让他们以大局为重把土地出租给政府的过程十分艰难，什兰村没有大片的土地，想要规模化发展只能从邻村'借地'，而且村民们更看重眼前利益，不愿意放弃原有土地，我们只能一户户的做思想工作。"党支部书记李国强提起建社初期的艰难岁月还是很有感触。经过一个月的不懈努力，终于通过置换、租赁等方式，整合土地 148.68 亩，产业向规模化大大迈进。

从合作社成立至今，省人大、省旅游委及其他兄弟市县的考察团相继过来调研取经。看到十几个身着统一制服的社员们自觉工作，大家都对他如何激发贫困户的内生动力感兴趣。"我们的社员优先从贫困户中选择，水肥管理员每人每天80 元，采摘组摘一斤菜 1 元，按斤计算工钱，只要你有务工意愿，可以根据自己的时间灵活调整务工时间，这里只要你肯干就会有收入。"李国强耐心地给大家答疑解惑。合作社成立不到一年的时间里，村集体经济由最初的只能依靠租

金年收入 6 000 元到现在的 6 万元，贫困群众月收入最多有 2 000 元。贫困户由原来的 100 余户逐步脱贫到现在仅剩下 12 户，变化惊人。李国强书记带领村"两委"班子成员在一年的时间里为大家交上了一份满意的答卷。

收入合理，分工明确

为刺激贫困户和一般农户的种植积极性，合作社采取 5∶3∶2 的方式分配合作收入，其中 50% 为合作社发展资金，30% 为合作社管理经费，20% 为贫困户分红。贫困户分红金中的 15% 为基准分红，5% 为参加扶贫电视夜校的奖励金，极大地激发了贫困户参加收看扶贫电视夜校学习新技能的积极性。农户们的收入由土地上的单一产出，转变为土地租金收入、打工收入、效益分红收入等多种收入。这项政策极大地鼓舞了村里年龄偏大又缺乏技术的贫困户，他们抱着试试看的心态加入合作社，有时间就过来务工，一个月入账千元不是问题。离家近、时间灵活、收入稳定，在家门口就可实现就业不再是遥不可及的梦想。截至现今，合作社已成功吸纳贫困户 103 户，基本实现贫困户产业全覆盖，大家都争着来务工。

软硬件设施完善，党员带动作用明显

合作社从成立至今，镇政府陆续投入生产资金 138 万元，市科工信局发放 12.6 万元搭棚补贴，全力支持合作社发展。镇政府配套建有 90 平方米冷库及出资 15 万元购买运输车，新鲜采摘的蔬菜可以冷藏，延长保鲜时间，规模采摘后统一运输销售。同时党支部依托党员主题活动，组织党员突击队到合作社义务劳动，帮助铺地膜、搭建大棚。在互相劳作的过程中，党员干部充分发挥先锋模范作用，感染前来务工的贫困户，形成比学赶超的良好局面，大家在合作社干得热火朝天。

主要成效

合作社收入增多，群众信心增强

在建社初期，部分群众还是持观望态度，在租金同等的情况下，个别农户甚

至不愿意将闲置土地租用给政府，担心收益不够，政府无力偿还。在李国强的带领下，旺圣合作社在不到一年的时间里，收益已达 20 万元，给带有疑虑的群众一个放心的答复，群众热情高涨，信心不断增强。

贫困户稳定脱贫，有效带动就业

截至目前，合作社已成功吸纳贫困户 103 户，采取按劳分酬的薪资发放方式，已发放工资 52.9 万元，同时，土地入股、劳务入股的贫困户年底将享受分红，贫困户逐渐脱贫，仅剩下 12 户，极大地激发了贫困户的内生动力和务工积极性，大家都争着来务工。

村党支部的凝聚力和战斗力明显提高

通过组织党员开展主题党日活动，关心关爱贫困群众，帮助发展生产，村党支部的号召力明显提高，得到了广大群众的拥护，党员干部自豪感、责任感得到不同程度的提升，更具活力。

经验与启发

穷则思变，办法永远比困难多

脱贫攻坚现已进入攻坚拔寨的冲刺阶段，李国强迎难而上，主动啃下硬骨头。面对土地零散、难以规模发展的困境，贫困户内生动力不足的难题，他积极构想多种解决方案，最终通过带领村"两委"班子利用晚上村民农忙回来休息的时间，进村入户做农户思想工作，讨论土地租用事宜，经过努力顺利与什拱村签订了 48.35 亩土地的租用协议，结合本村原有土地，共整合土地 148.68 亩，规模化发展有了先决条件。同时通过不断调研分析，多次召开班子会，选定适合种植的树仔菜、龙须菜并铺开种植；动员贫困户积极加入合作社打工致富。不到一年的时间里，村集体经济收入翻了又翻，贫困户实现稳定脱贫。

抱团发展，集体的力量优于单打独斗

面对收购商恶意压价、销售无门的现象，李国强积极配合党委政府，采取"党支部＋合作社＋贫困户"的发展模式规模化种植，争取到政府资金及技术支

持，为合作社增收、贫困户脱贫打下坚实基础。

不断学习，经营管理方能与时俱进

为当好脱贫攻坚、发展农村经济的"领头雁"，李国强到贵州塘约村、北京、海口、白沙等市县外出考察学习，参加市委组织部、市农业局举办的种植养殖培训班，利用脱贫致富电视夜校、微信公众号等网络学习平台，了解和学习先进农业技术及经营管理模式，探索发展绿色农业，不断提高自身管理、创新能力。与其他合作社贫困户懒于务工相比，旺圣合作社人气很高，通过统一订制社服、开会鼓舞士气的方式，汇聚人心，在他的带领下，社员们积极肯干。

党建引领　激发活力

——永发镇后坡村党支部书记、村委会主任曾令群

人物名片

　　曾令群，男，汉族，中共党员，初中学历，现任永发镇后坡村党支部书记、村委会主任。

村庄情况

　　永发镇后坡村坐落在永发镇西南、南渡江畔，下辖后坡 1 个自然村，1 个村民小组，全村共 338 户，总人口 1 610 人，土地面积 2 500 多亩。

工作措施

夯实基层党组织

　　2015 年以前，后坡村由于党员领导干部服务意识缺乏、思想僵化、部分党员宗旨观念淡薄、支部班子不团结、主动为群众办事意识较差、抓党建促发展滞后等原因被列为永发镇软弱涣散党支部。曾令群借换届的机会，补充新鲜血液，把"两委"班子平均年龄降低为 42 岁，比上届班子年轻了 11 岁，文化水平普遍提高。针对之前村干部纪律涣散、工作消极滞后的状况，他一方面及时理顺村干部分工，强调工作纪律，明确工作职责；另一方面加强沟通交流，着重做好村干部思想工作，把干部思想统一到工作上来。党支部最明显的改变是新建的办公场所。以前的党支部办公室老旧不堪，容纳面积小，办公设备一年维修好几次，党支部规章制度缺少，软弱涣散党支部的"帽子"在这间老旧的办公楼挥之不去。曾令群积极争取镇委、镇政府的支持，用了 4 个月的时间重建新办公楼并落成使用，健全完善了党支部职责、"三会一课"制度等 12 项党组织工作制度，制作成板面上墙，使工作更加制度化、规范化。同时，还自筹资金安装了 4 部空调和6 个风扇，配备了 1 张会议桌、9 张办公桌、50 张椅子、4 个档案柜、1 台电视机等硬件，为党员干部群众开展活动、办理业务提供了舒适的阵地保障。此外，还落实了党务村务公开制度，公开党务村务 10 多项内容，包括涉及群众利益的决策、重点项目建设、重大财务开支等，定期进行公开，接受群众监督，让群众更直接了解村的各项工作，消除了群众对干部的猜疑。

推行"党建 + 巷长制"

以前，村"两委"班子人手不足，整治卫生、办理业务、协调邻里纠纷等工作让村干部们感到力不从心。从 2017 年 1 月起，村党支部充分发挥 29 名无职党员作用，利用"党建 + 巷长制"破解了这一难题。曾令群根据后坡村居民居住分布情况，采取以巷为主的方式，确定划分责任巷。由每名党员担任巷长，在支部办公楼和每条巷子公开党员巷长的姓名、相片、职责和联系电话，亮出党员先锋模范身份，方便联系群众，加深党组织和党员在群众心目中的服务形象，同时增加了党员的存在感和荣誉感。实行"党员巷长制"后，每名无职党员肩负起了信息员、安全员、监督员、调解员、宣传员的工作职责，每名党员负责一条巷道的人口信息报送、安全生产、卫生"门前三包"、邻里纠纷调解、巷情民意传达、政策宣传等日常事务，让无职党员有职，让小小的后坡村党支部迸发出极强的战斗力。2017 年 7 月开始，为保证"巷长制"形成长效机制，后坡还出台了具体的管理办法，即每月召开党员大会对上个月党员巷长落实各项工作的情况进行评比，将评比前 5 名的巷长党员和滞后 5 名的巷道在党务公开栏进行公示，每一季度经党支部会议讨论决定后，对外公示党员巷长红黑榜。

大力改善村民居住环境

在多方共同努力下，后坡村现已成为澄迈县计划打造的县级美丽乡村之一。后坡村村口有一条百年失修的排水沟，以前臭气烘烘，飘满垃圾，滋生蚊虫，严重影响村容村貌。针对这些问题，曾令群带头拆掉了老家的围墙，挖开了水渠，并号召村里的党员一起带头做示范，改善村容村貌。在大家的争取和有关部门的支持和帮助下，筹措资金44万元，修建排水沟100多米、重建垃圾池，并修建村内主道路200多米，村内主道路现已全部硬化，还规划出了人工湿地等设施。2017年"双创"大行动上，为了让村民们信服，党员巷长们拆违建都是从自家开始拆起，屋内也收拾得井井有条。

带动脱贫致富

曾令群为了拉动村里经济发展，提高村民收入，利用后坡村交通便利和种植瓜菜产量高的优势，引进贴合本地产业的酱芥菜收购贮藏基地，建设"永瑞食坊加工厂"，专门生产腌制酸菜、萝卜干、肉制品等食料。生产产品可以直接销往厨房好味连锁餐饮店，并逐步打通海口餐饮市场，拓宽销路。目前，该加工基地已经选址在后坡村，占地面积4亩，正在进行建设。加工基地工作岗位优先考虑永发镇的贫困户和其他村民，使贫困户就业脱贫。采用"公司＋合作社＋贫困户"的模式，公司向农户免费提供种子、技术及产前、产中和产后服务，按合同规定收购农户生产的产品，以带动后坡村及周边贫困户共同致富。

主要成效

一是基层战斗堡垒作用得到充分彰显。在曾令群和全体党员干部的共同努力下，村"两委"办事效率大大提升，村党组织的凝聚力和战斗力明显增强，摘掉了软弱涣散党支部的"帽子"。

二是党员先锋模范作用得到充分发挥。实行"党建＋巷长制"以来，后坡村发生了翻天覆地的变化，让无职党员变"无职"为"有位"，让党员民主评议变

"空"为"实"，让村务党务变"几人干"为"众手帮"，也让党支部变"后进"为"先进"。2017年6月，后坡村党支部被县委评为澄迈县先进基层党组织，后坡村被永发镇党委确定为党建示范村和"双创"示范村。

三是村容村貌得到极大改善。在巷长们的积极参与下，全村共运走300余车碎砖石和垃圾，村子焕然一新。短短几年时间，环境整治有了成效，村子变美了，居住环境得到极大改善，村民脸上的笑容也更多了，成为县级"美丽乡村"、永发镇党建示范村和"双创"示范村。

四是有力推动了特色农产品发展。曾令群通过对驰名岛内外的澄迈酸菜、咸菜、萝卜干、粽子等系列农产品、特产进行改良升级，克服原产地加工工艺落后、产品质量参差不齐的短板，提升其食品安全性，推动制作标准化，形成品牌、规模效应，增加产品附加值，带动地方瓜菜种植、加工及销售，补全、补齐产业链。同时他借助永瑞洋国家热带农业公园平台，实现精准、长久帮扶贫困农户目标，推动农村经济发展，实现项目经济和社会效益双赢目标。

经验与启发

坚持正确的政治导向是根本

村党组织带头人是建设农村基层服务型党组织的直接责任人，肩负着带领党员群众建设农村、发展农业、致富农民的重要职责，建设一支优秀的"能人"书记队伍，对于一个村、一个乡镇，甚至一个地方的发展稳定，都是至关重要的。通过深入开展党的群众路线教育实践活动、"三严三实"专题教育、"两学一做"学习教育常态化制度化，不断强化"能人书记"的理想信念，从而坚持正确的政治导向，增强政治意识，保持清醒的政治头脑，对党绝对忠诚，从根本上把握这一方向，自觉把共产主义的远大理想和建设中国特色社会主义相结合，始终不渝地为中国特色社会主义事业奋斗。有了正确的政治导向和坚定的理想信念，他们就会更加明确自己的工作责任，确立工作目标和工作措施，在实际工作中狠抓工作落实，并能够针对本村的实际情况，采取各种办法，主动出击，尽职尽责，出色地完成各项任务。曾令群作为海南汉群厨房好味有限公司的创始人、总裁，如今在海口有 6 家连锁店，生意兴隆，但是为了带领村民致富奔小康，他毫不犹豫将企业交给了家人管理，自己回到了生养他的后坡村去当一名村党支部书记。

牢固树立群众观点是关键

村党支部书记队伍建设的根本是服务群众、凝聚群众，必须树立群众观点、强化宗旨意识。要让"能人书记"永远和群众心贴心、心连心，从思想上切实解决好为谁工作、为谁服务的问题，想问题、办事情、做决策坚持把为人民谋福祉作为根本出发点和落脚点，真心实意地为人民服务，认真做好事关群众切身利益的每一项工作。曾令群带头拆掉了自家老房的围墙，筹措资金 44 万元修建排水沟、建垃圾池、硬化村内主道路 200 多米、规划人工湿地、成立永瑞富硒种植养殖专业合作社等，出发点和立脚点都是为群众谋利益、为家乡做贡献。

统筹城乡人才资源是基础

随着市场化、城镇化、农业现代化加快发展，农村劳动力向城镇和非农产业持续转移，农村人才"空壳化"问题比较普遍。在这种情况下，选村干部、选支部书记，特别是要选一个优秀的"能人书记"，必须拓宽视野，在更大范围寻找和发掘。"能人书记"主要从以下五类人群中产生：一是本村致富能手。主要指致富带头人、农民专业合作组织负责人、私营企业经营管理人员，他们有一定的发展眼光和创业实力，大多有自己的经济实体或种养基地，有自然形成的群众基础，能够推动村集体经济发展和带领致富，村民大多比较接受和认可。二是外出务工经商人员。主要指从本乡本村出去的务工经商人员、企业经营管理人员等，他们头脑灵活、见过世面、懂经营、会管理，对本村有着天然的乡土情结，村民普遍期望他们回村当带头人。三是乡贤。主要指农村优秀基层干部、农村实用人才优秀带头人以及道德模范、身边好人等德才兼备的先进典型，成长于乡土、奉献于乡里，以其学识专长、嘉言懿行、创业才干等反哺桑梓，对村里工作比较熟悉，在乡民邻里间威望高、口碑好，有一定的群众基础。四是自愿到村服务或返乡创业大学生。主要指选聘到村的大学生村官、"三支一扶"人员以及自愿回来的大中专毕业生，他们年纪轻、有文化，思想活跃，敢闯敢干，把回乡当村干部作为职业选择，已经涌现出不少好典型，村民越来越认可。五是本村复员退伍军人。他们对本村情况熟悉，在部队锻炼之后视野比较开阔，吃苦精神强，有一定组织能力和干事魄力，许多人回村后都成了致富能手，在群众中有一定威信。曾令群就是其中的典型——外出务工经商人员的杰出代表。

培养管理与监督并重是保障

当前，农村基层党组织肩负的任务越来越重，工作和服务对象的要求越来越高，面临的矛盾越来越突出，工作环境也越来越复杂，这对村党支部书记的素质提出了新的更高要求。加强对村党支部书记的培养管理，不断提高他们的工作能力，已经成为当务之急。为使带头人更好地履行职责、服务群众，澄迈县坚持提高带头人素质能力，不断强化他们引领致富、服务群众、化解矛盾、依法办事的能力，使更多的"能人书记"涌现出来。一是不断强化培训力度。坚持理论培训、学历提升与实践锻炼相结合，着重加强政治理论和知识技能培训，提高"能人书记"执行农村政策、引领经济发展、服务农民群众、化解矛盾纠纷和加强村党组织自身建设的本领，增强履行岗位职责的能力。二是建立健全目标管理责任制。进一步细化岗位职责和年度目标任务，严格落实"双述双评"等实绩考核制度，以考核结果兑现奖惩，激励先进，鞭策后进。健全完善村级组织议事决策和工作运行程序，认真实行"四议两公开"工作法，增强"能人书记"依法办事、民主决策的意识和能力。三是加强民主监督。加强村级组织党风廉政建设，定期开展廉政教育，切实落实党务政务财务公开，全面实行任期和离任经济责任审计，确保"能人书记"始终做到为民务实、清廉。

·临高县·

做致富路上的"领头雁"

——皇桐镇美香村党支部书记、村委会主任林昌平

人 物 名 片

　　林昌平，男，1957年8月生，高中学历，中共党员，皇桐镇美香村人。2004年至今任皇桐镇美香村党支部书记、村委会主任。临高县第七届人大代表，中共临高县第十二届、第十三届党代会代表。2016年临高县优秀党员，2017年临高县先进个人。

村庄情况

美香村位于海南省临高县皇桐镇西北部，距离皇桐镇政府 6 千米，下辖美香、美吉、美巢、密仓 4 个自然村，村域面积 2.3 平方千米，全村耕地面积 2 977 亩，其中水田 834 亩，旱田 15 亩，旱地 2 128 亩。全村共有 244 户 1 070 人，其中，未脱贫 7 户 20 人，低保户 13 户 46 人，特困 3 人。村党支部共有 27 名正式党员，1 名预备党员，其中女性党员 4 名。农民收入以农业种植为主，种植作物为水稻、香蕉、橡胶、甘蔗、芋叶，人均收入较低，是镇"十三五"规划的贫困村之一。2016 年以来，在林昌平的带领下，美香村发生了天翻地覆的变化，从一个贫困村变成了美丽的村落。

工作措施和成效

党群齐心协力，整治村容村貌

几年前美香村仅有几条主干道是水泥路，大部分的道路都是土路且土质是红土，道路狭窄，一到下雨天车难行，人难走。村内散养家禽、生活垃圾随处可见，卫生环境脏乱差。村民整体文化水平偏低，村中青壮年大多数外出务工，村集体经济发展水平落后。面对这样的现状，在新一届皇桐镇党委的坚强领导下，美香村党支部率先垂范，带领"两委"班子成员拿起扫把和簸箕、扛起锄头、开起垃圾收集车、出动挖掘机等，为卫生环境整治工作的顺利开展营造了良好氛围。其中，破旧房屋的拆除是最大的一个难点，很多村民搬迁至新居，村里破败的老屋无人居住和管理，村"两委"干部在这个过程中一致表态：该拆必拆，该清必清。经过多次走访入户做思想工作，最终在村民的同意与支持下拆除村内应拆的破旧房屋 15 间。林昌平在卫生整治工作中负伤，依然坚持带伤上阵参与劳动，他说："只有让村民看到我们村干部的决心和诚意，他们才能自觉地成为环境卫生整治的一员。"村民们都深受这位党支部书记感染，积极主动加入环境卫生整治工作中。美香村是整治卫生最难的一个村庄，涉及的土地、作物、房屋、畜房、围墙比较多，有的农户须侧身行路，连自行车都不能推到家。林昌平向农户晓之以理，动之以情，让拆必拆，让清必清，多大的问题都会有办法解决。林昌平从实际出发做好村民思想工作，认真听取群众反映的建议，积极帮助农户解决问题，得到村民群众的支持。村民们自觉砍掉影响村容建设的 50 棵树、拆除乱建瓦房 6 间、推倒旧围墙 200 米，拆除旧房屋 23 间及卫生间 1 个，其中 2 间房屋前面后面各拆除 2.5 米，美香村发生了翻天覆地的变化，小路变大路，让每户村民都能开车到门口。林昌平的出色工作能力受到镇委、镇政府的好评。2018 年 1 月 10 日，皇桐镇委、镇政府决定在美香村召开"双创"现场大会。如今美香村已制定了村规民约，村民环境卫生意识不断提高，村保洁员按时保洁，垃圾日产日清，环境卫生常态化机制已逐步建立。

抓具体办实事，处处为民着想

一是解决行路难问题。林昌平刚任党支部书记时，看到村里大部分道路还没有硬化，旱日尘土飞扬，雨天泥泞不堪，群众的生产生活极为不便，便积极向有关部门多方争取资金项目，想方设法号召群众集资投工投劳，在 2010 年先后硬化道路 12 千米，解决了群众行路难问题。

二是解决群众生产生活用水难问题。由于美香村委会3个自然村所用的水井都是渗透浅水井，水源少又不卫生，严重影响了人民群众的身体健康和日常用水。林昌平主动与皇桐镇委、镇政府及县有关单位协调，争取到有关单位的支持，在2007年至2010年建设了3个水塔，解决了3个自然村村民饮水安全问题，得到群众的广泛认可。

三是2013年高铁征地工作。皇桐镇美香村涉及海南省环岛高铁建设征地工程，征地工作涉及部分村民的农作物、土地、坟墓。征地面积39亩，坟墓27个，因有部分村民的观念没转过来，产生了许多的问题和矛盾，但征地时间紧、任务重，为此林昌平组织村"两委"、村小组干部研究如何做好征地工作，把征地工作的问题摆在村干部的面前，大家讨论一致通过后，及时召开村民大会，说明征地的补偿政策和标准，让村民懂政策，知补偿标准。随后，村民们热情参与了征地工作，清点青苗，清点坟墓，丈量土地，三天的紧张工作完成了征地一系列的任务，并实现零上访。通过此项征地工作，林昌平也被县高铁征地领导小组评为先进个人。

抓党建，促扶贫

村民富不富，要看"领头雁"。美香村党支部不断加强党员队伍建设和管理，严格按照《党章》和党员发展程序有关规定，严把党员入口关。美香村党支部制定完善了各项工作制度，明确了村干部工作职责，推行村干部承诺、履职、绩效考核管理制度，不断提升自身的服务水平和工作效率，村"两委"干部严格遵守驻村坐班制度，确保群众办事有人可找。不管是在脱贫攻坚工作、环境卫生整治，还是在乡村旅游建设工作上，在林昌平的带领下，村"两委"干部都亲力亲为、各尽其责，率先垂范。在乡村旅游建设过程中，村"两委"干部时时监督工程进度，每日出入美香村数次，积极解决施工过程中遇到的各种难题，确保古村落建设有质有量进行。

根据皇桐镇"两基一品"工作思路，美香党支部因地制宜，整体规划，多渠道拓宽村民收入。一是结合美香村实际，林昌平带领村民在定点帮扶单位省邮政公司的支持下建成美香荷花扶贫产业示范基地，鼓励村民入股荷花基地，在美香村前种植了100亩荷花，并修建了观赏栈道和凉亭，引起了极大反响。2017年节假日平均接待游客 2 000 人／日。村民还把自家土特产放在村里邮乐购里销售，农民的钱袋子也渐渐鼓起来了。二是动员全村贫困户把扶贫产业资金入股深海网箱扶贫合作项目，通过"公司＋村委会＋贫困户"模式分红实现增收。前 7 年每年按入股股金的 15% 进行分红，后 3 年每年按入股股金的 10% 进行分红。三是鼓励和引导符合贷款条件的贫困户通过小额贷款扶贫资金每户 2 万元入股海南富方农牧业有限公司，每年按入股股金的 10% 分红，持续分红 3 年，确保贫困户永续脱贫。四是林昌平书记带领班子成员到海南兴国实业有限公司考察后，决定把 100 万元集体经济发展专项资金入股海南兴国实业有限公司，通过入股分红的模式，增加村集体经济收入，2017 年已获得 3 万元分红。

2018 年 1 月 13 日，沈晓明省长来到美香村调研扶贫和卫生工作，走访林开建、林昌朋 2 户贫困户，同时了解美香村的卫生情况，沈晓明省长走访美香村公共场所与村民们谈心，对村庄的可喜变化给予高度评价，感到很满意，离开美香村前他说："村里卫生整治力度大，贫困户满意度好，村民群众热情高，老林干得不错！"2018 年 4 月 20 日，省委副书记李军到美香村暗访贫困户和环境卫生状况，并向县委书记李江华表扬美香村的各项工作。

经验与启发

做好当前农村党建、扶贫等工作，关键在于抓好"两委"班子队伍建设、做好党员队伍管理。

一是管理好村"两委"干部的队伍建设，加强学习，提高村"两委"干部文化程度。党员干部要增强带头致富、带领群众共同致富的能力，培养农村后备优秀党员干部力量。二是加强对党员教育工作，严格落实好"三会一课"、民主评议大会等制度，加强对党员队伍的管理，增强党员的责任意识，保证组织生活正常开展。三是大力发展村集体经济，增强服务群众的能力，强化村党支部的号召力和凝聚力。

以党建促扶贫　共建和谐家园

——调楼镇黄龙上村党支部书记张亚留

　　张亚留，男，调楼镇黄龙上村人，中共党员，高中学历，2016 年 8 月当选为调楼镇黄龙上村党支部书记。

村庄情况

黄龙上村是一个滨海自然村（以下简称"上村"），常住人口 1 220 人，约 420 户，村民的经济收入主要靠海洋捕捞业、手工造船业和外出打工等。目前全村建档立卡贫困户有 9 户 40 人，巩固提升户 13 户 60 人。虽然上村属于靠海村落，但全村总体经济发展滞后，村民经济收入不平衡，生活水平不高。上村要真正脱贫致富奔小康，仍有很长一段路程要走，任重而道远。

工作措施

结合实际，树立方向

按照县委、县政府的统一部署，调楼镇委、镇政府定点帮扶黄龙上村脱贫攻坚。2016 年 8 月当选上村党支部书记的张亚留自然就成了脱贫攻坚中"尖刀班"的"班长"。刚走马上任的张书记没有急于先"烧三把火"，而是通过走村串户、实地考察、调查研究，进一步了解本村实际情况，以便做出更有利于村庄发展的规划。经过实地查访，张亚留注意到，一是人力资源方面，全村经营小商贩或外出打工的人数较少，大部分劳动力无业可从；二是土地资源方面，本村的三四百亩集体土地和近海滩涂尚未开发利用。一边是众多劳动力无法得到充分利用，一边是村集体土地未得到开发，基于这种现实，从各种条件因素考虑，一个发展蓝图在张亚留的脑海中构筑了起来：引导村民们用劳动挖掘村里的宝贵资源，因地制宜成立种植养殖合作社，发展养鸽产业，并计划养鸡、养鹅、养咸水鸭，种植莲雾、椰子之类的高价值果树。在走访中，张亚留了解到本村的贫困户张不坚有养鸽子的经验，他本人也表态十分愿意为合作社贡献力量，因此经过多方考虑，张亚留决定以养鸽作为产业扶持项目的突破口。

有了方向就行动，说干就干。一是召开党员代表大会，会上张亚留将自己的想法向大家一一阐述，此举得到党员的一致赞同。二是利用扶贫夜校进行思想帮扶，张亚留通过召集全村贫困户参加扶贫电视夜校，并结合夜校中种种成功的产业扶贫案例，帮助贫困户摆脱"等靠要"思想，增强大家对脱贫致富的信心，使大家看到致富的希望，并多次在课后的谈论中为大家讲解成立合作社的目的和可行性，特别是养鸽这个产业的光明前景。经过不懈的努力，养鸽厂这个方案终于得到大家的认同和支持。有了技术的支持，做好了村里贫困户的思想工作，那销出的市场怎么样呢？别的市县、乡镇的合作社这一模式的发展有没有可借鉴的经验？看来，往外走这一趟必不可少。因为村委会缺少经费，张亚留就自掏腰包带领部分党员、贫困户代表奔赴波连镇、和舍镇、海口市、定安县等多地的合作社及市场进行实地考察论证，最后大家一致同意成立"黄龙上村种（植）养殖专业合作社"，以养鸽作为产业带领大家脱贫致富。

攻坚克难，成立合作社

（一）想方设法，寻找"钱"途

有了目标和方向，成立合作社最需要解决的是资金问题，如果仅凭贫困户的

产业扶持资金，成立合作社远远不够；银行的贷款门槛太高，手续烦琐，这条路也暂时行不通。怎么办？上村党支部经过开会讨论决定多方筹集资金，发动党员干部到各家各户进行合作社的宣传，号召村民出钱入股。可是自古以来，上村百姓已经习惯了靠海吃海，出海捕捞作业是他们的强项，要说起养鸽，虽然说大家已经同意了方案，但说到要自掏腰包入股，心里还是不免打鼓。毕竟造船出海，驶向大海就有收入，而养鸽子，从孵蛋到成鸽卖出，不仅需要数月时间，中间可能还会有病死、养不好的情况发生，对于这些情况，大家心里都是忐忑的。

看到村民们的疑虑、犹豫，张亚留书记将大家聚起来召开大会，让村民说出自己的想法、疑问，并一一对他们进行解答，消除他们的顾虑。在会后，全体党员干部还通过微信群、入户走访等多种途径，向村民宣传养鸽致富的可行性。经过他们的不懈努力，贫困户9户40人和巩固提升户13户60人自愿以产业扶持资金21.6万元和村民参股集资26.4万元入股合作社。

（二）排除万难，解决土地问题

长期以来，村集体土地由于种种问题没有一位村书记能够盘活使用。个别村民仍抱有从集体土地榨取利益的企图，并阻挠将集体土地盘活，造成上村上千亩的土地闲置多年。项目用地面临着种种压力，本着带领大家脱贫致富奔小康的目的，张亚留主动到持反对意见的村民代表家中做工作，动之以情晓之以理，终于说服村民代表，在获得法定人数的村民代表同意后，召开村民代表大会并一致通过，将本村闲置多年的80亩中武坡地转租给合作社作为第一期扶贫开发基地。从而解决了项目用地的问题。

以党建促扶贫，同心聚力支持合作社

（一）发挥党员先锋模范作用，积极参与合作社建设

2017年6月，养鸽项目进入建设阶段，因资金有限，如何使有限的资金发挥较大的效能，这是摆在张亚留及众人面前的一大难题。在这个时候，张亚留号召支部党员必须要充分发挥党员的个人潜力，充分利用党员自身掌握的本领，发动党员投工投劳。为了节省资金，他带领全体党员从建材采购到鸽舍鸽棚的建筑施工，日夜奋战。在建材采购上，党员们各显神通，利用自己的社会资源，货比三家，在保证质量的前提下为合作社节省6万多元。在项目施工过程中，全体党员充分发挥"五加二""白加黑"工作精神，在工地奋战45天——他们搬砖、砌墙、安装水电等，为合作社又省了1万多元的雇工费。在全体党员的共同努力下，为合作社节省资金共7万多元。

（二）密切联系，争取多方支持

要致富先修路，路通则财通。在镇政府的支持下，上村得到了1万元的修路经费，在养鸽基地铺设长300米、宽5米的沙石路，打通了合作社与外界的联系。在合作社建造期间，得到了县人大主任吴海鸥、镇委书记王东、镇长符传江等领导的关心和支持，他们多次到工地指导工作。镇政府也多方联系各部门，解决合作社困难。例如联系县供电局帮扶6万多元架设400多米三相电线，县畜牧局局长符承荣同志特地邀请省畜牧专家到饲养种鸽基地进行技术指导并提供各种药品和器材。

主要成效

党建工作成效明显

经过一年多的扶贫工作，结合"两学一做"学习教育活动，村"两委"干部的凝聚力和向心力更强了，全体党员从之前的一盘散沙到现在的抱团奋进，广大群众看到了榜样，看到了希望。2017年7月，上村党支部16名党员成立了"党员义工队"，热情地帮助村里的贫困户、五保户、低保户解决了许多实际困难，

还主动承担起了本村环境卫生清理工作。一年来，村委会想方设法筹集资金60多万元，维修公共水塔、新建篮球及排球场、扩建文艺舞台、筹建村民文化室等公益设施，丰富了村民的娱乐生活。

产业健康发展

上村合作社第一批引进3 000只种鸽，在饲养员的精心饲养照料下，一只只小乳鸽破壳而出，展翅欲飞，村民们看在眼里，喜在心上。2017年9月，合作社的鸽子已经发展到4 000多只，除留住种鸽继续发展外，有500多只肉鸽首次投放市场，净赚4 000多元，收获了合作社第一桶金。有了这个看得见、摸得着的成果，全村的干部群众看到了脱贫致富的希望。村民们纷纷表示，有了党和政府的领导和扶持，脱贫攻坚的"堡垒"一定会攻下来。相信致富的道路会越走越宽广。

在海风吹拂下，现在的上村道路更宽敞，环境更优美，村民个个脸上洋溢着幸福的笑容。上村正散发着阳光的气息，村民的日子将越过越美好。

经验与启发

发展村集体经济，一定要结合本村实际，一定要充分调动村民的积极性。黄龙上村的自然条件，劳动力状况，传统产业，是该村选择产业的决定性条件。

充分发挥村党支部的战斗堡垒作用，党员身先士卒，廉洁奉公，才能形成战斗力，才能起到"领头羊"作用，才能齐心合力办实事。黄龙上村全体党员齐心协力，投工投劳，勤俭节约，为合作社节省了大量资金，深得村民的拥护，带领村民走向脱贫致富之路。

发展产业　带头致富

——翰林镇章塘村党支部书记、村委会主任劳昌彬

人 物 名 片

　　翰林镇章塘村党支部书记、村委会主任劳昌彬，曾多次被评为"优秀共产党员""先进个人"。自 2013 年 8 月任职以来，面对复杂的工作环境、工作岗位，遇事镇定，善于思考，处事果断，总是以高昂的工作热情投入工作岗位中去。在担任章塘村党支部书记、村主任期间，他成为村里的致富带头人，通过发展富硒稻米产业带领全村人实现增收致富；他积极做好综合治理禁毒反邪教工作，努力加强群防群治的队伍建设，夯实工作基础，保证这项事关社会大局、关联公民利益的工作在章塘村全面开展，深入民心。

村庄介绍

　　章塘村属于定安县革命老区，位于翰林镇圩的西边，紧靠海南革命圣地母瑞山，距镇政府约 2 千米，东临翰林村，西靠大总岭，南接深水村，北与龙河镇龙介村相邻。全村共有 14 个村经济社，462 户 1 927 人，33 名党员，主要经济作物有橡胶 1 870 亩，槟榔树 1 200 亩。

工作措施

　　"现如今，章塘村的生产生活条件有了极大改善，除了得益于党的富民政策外，还要感谢村里的致富带头人，是他带领全村人发家致富，过上了红红火火的好日子！"这位深得广大村民称赞的致富带头人，正是章塘村党支部书记、村委会主任劳昌彬。

脱贫致富带头人

2010年，劳昌彬担任章塘村委会副主任，得知该村土壤富含多种矿物质，尤其是含有宝贵的硒元素，所种出的农作物营养价值高，市场潜力巨大，前景十分广阔。劳昌彬于是结合当地自然环境和条件，开始摸索着种植富硒香米。经过几年的苦心钻研和实验，他成功种出了富硒香米，这种大米不但比普通大米口感更好，而且品质更有保证。

2013年8月，劳昌彬通过选举担任了章塘村党支部书记、村委会主任。此时，他深感肩上的担子更重了，为了不辜负大伙对自己的期望，劳昌彬日夜操劳，谋划着如何增加农民收入，提高村民的生活水平。

意识到种植富硒香米是一条很好的致富路，劳昌彬打定了主意带领村民种植富硒香米。2013年底，劳昌彬发动当地农民，多渠道筹集60万元资金，登记注册了定安翰林昌发水稻种植专业合作社，建成了200亩富硒香米种植基地，发展种植富硒香米产业。第二年，200亩富硒香米种植基地里，沉甸甸的稻穗挂满枝头，合作社喜获丰收，且富硒香米投放市场后，很快便销售一空。

优质的产品供不应求，产业规模急需扩大。为此，劳昌彬发动村里更多的村民种植富硒香米，种植户达38户，种植规模迅速扩大到500亩。然而，由于种植面积过大，产量剧增，导致了富硒香米滞销。这时的劳昌彬像热锅上的蚂蚁，急得团团转。一筹莫展的劳昌彬，只好去找翰林镇党委政府帮忙解决，得知具体情况后，翰林镇党委政府帮他出谋划策，建议他主动出击找市场。

此后，翰林富硒香米的身影在美食节、冬交会、农副产品展销会等各种大型活动上频繁亮相，富硒香米的名气和身价随之上涨，销售渠道也越来越多，之前滞销的富硒香米再次变得供不应求。

为了提高富硒香米的知名度，形成品牌效益，劳昌彬及时给合作社申报注册了"翰林地"商标，使原来不起眼的稻米，现在风风光光地上网络、入超市，成了抢手的香饽饽。同时，为确保翰林富硒香米的品质，该合作社采取统一供种、统一施肥、统一收割、统一收购与包装和销售的规模化、标准化、现代化产销方式，使产品卖出了每斤15元的好价格，有品牌、有市场的翰林富硒香米从此实现了华丽"转身"，成为村民的致富法宝。

牢记宗旨恪尽职守　始终做好治安综合治理

　　劳昌彬始终把综治禁毒反邪教工作作为维护村民平安幸福、农村社会协调发展的重要工作放在心上，抓在手上。他高度的责任感、大胆的创新精神、忘我的工作态度和保一方安定的发展理念，受到全体村民的拥护和上级的肯定，特别是在社会治安综合治理、禁毒、反邪教工作中做出的优异成绩，得到人民群众的称赞。

　　作为支部书记，劳昌彬带领村"两委"全面贯彻落实省委、县委的相关禁毒工作会议精神，并按照镇党委的安排，在章塘村开展"两学一做"活动。他一直坚信此次开展的学习实践活动是章塘村再次凝聚人心、实现富民强村目标的一个极佳机会。在章塘村"两学一做"活动开展中，他多次牵头邀请退休老干部、党员代表和村民代表反复商讨打击毒品问题，并及时向上级领导反映情况。先后在全村实行了重点监控、严格防范、联防互动等活动，推行了整章建制、村民签约、跟踪管理、杜绝发生的治安禁毒机制。

　　自担任村支书以来，几年时间里，劳昌彬始终坚持读书看报，学习和掌握政策，积极参加上级安排举办的各种学习班，随时给自己"充电"增加能量，他除了认真学习和掌握综治禁毒知识外，还高度重视对广大村民加强思想认识教育，千方百计地帮助村民。

　　作为一名"大家长"，身负着全村1 900余人的生活安稳的重要职责，这一点劳昌彬一刻也没有忘记。他努力将村民之间的矛盾、村民与村委会之间的矛盾、村民与政府之间的矛盾化解在萌芽状态，这样既促进了创建和谐平安章塘，又促进了村民与村民之间的和睦感情、村民与村委会干部之间的紧密关系。章塘村社会治安治理的稳定、和谐、平安，让人心服口服。

　　面对有人说他得了别人的好处，不为村民办实事的流言蜚语，劳昌彬不为所动，始终坚持着自己的想法，秉着公正、公平的立场为村民解决各种矛盾纠纷。在处理章塘村社会治安方面，有时候遇到村民不理解的情况，他都耐心地向村民解释，并告诉村民做什么事情都需要经过深思熟虑，应通过法律途径来解决矛盾，不可盲目冲动，使矛盾激化。他诚恳地把工作开展得有条不紊，慢慢地感化了"质疑派"的内心，得到了广大党员群众的大力支持，在民事调解工作中发挥了更好的作用。

主要成效

2016 年，在翰林昌发水稻种植专业合作社的带动下，14 户贫困户已经成功脱贫，又新吸纳 11 户贫困户。2017 年，在镇党委、镇政府的统一领导下，章塘村委会探索"党支部 +"的扶贫发展新模式，通过"村党支部 + 合作社 + 贫困户"的方式，带动贫困户投工投劳，合作社负责技术培训和销售等，利用扶贫扶持资金 15 万元，通过 2 年时间带动 28 户贫困户种植富硒香米，增加贫困户收入。

在劳昌彬任职村支书、村主任的这些年中，章塘村的社会治安案件、民事纠纷等事件发生率有了明显下降，而调解成功率更是达到了 100%。吸毒贩毒、邪教组织、传销案件发生数为零。多年以来，他始终以一名优秀共产党员的标准严格规范自己的言行。为了稳定，为了人民的安宁，在本职岗位上默默实现着自己的人生价值，为章塘村社会政治稳定和群众安居乐业做出了突出的贡献。

经验与启发

作为一名村党组织书记、致富带头人，要坚持以推动产业发展为目标，服务群众为根本，与时俱进、开拓创新，有条不紊地带动贫困户脱贫致富，用实际行动推进精准扶贫奔小康。工作靠学习，学习靠自己。作为基层村干部就是要面对群众，做一些事关群众切身利益的繁杂琐事，不学习、不认识就很难驾驭农村工作的全局。社会治安综合治理是保证农村和谐发展的大局，村干部位轻责任重，万万马虎不得。

筑就支部堡垒　调整产业结构

——黄竹镇大坡村党支部书记黎业余

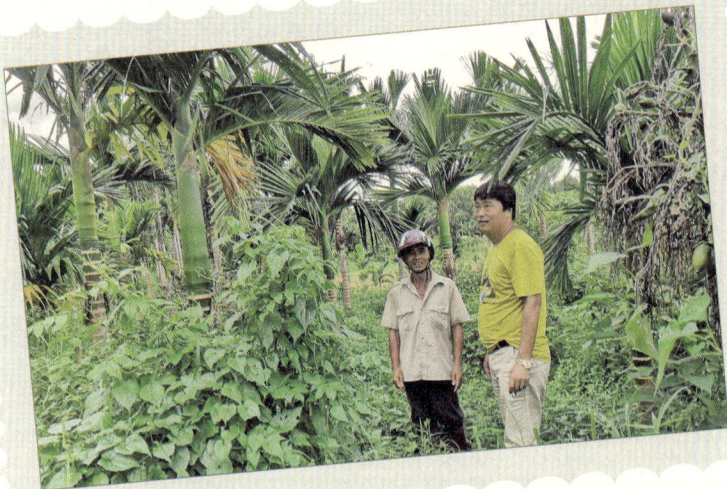

人 物 名 片

　　黎业余，退伍军人，现任大坡村党支部书记，自2001年起连续担任村支部书记至今已有10余年。2006、2007、2008、2009年连续多年被评为定安县"优秀'两委'干部""优秀共产党员"。

村庄介绍

大坡村位于黄竹镇西部，比邻南丽湖，水源丰富，土地肥沃，交通便利。全村总面积6.3平方千米，辖9个自然村，9个经济社，共有260户，总人口867人，耕地面积7 500多亩，其中水田面积930亩，人均1.1亩；坡地面积4 070亩，人均4.7亩。大坡村以种植橡胶、槟榔、荔枝和冬季瓜菜为主，种植橡胶2 800亩、槟榔800亩、荔枝320亩、冬季瓜菜300亩。此外，有鱼塘200亩，罗非鱼饲养专业合作社1家，带动养殖户10多户；养猪专业户20户；养鸡专业户5户。

工作措施

筑就支部堡垒，强化带头作用

黎业余注重班子建设，致力于建设一个政治坚定、作风正派、纪律严明、团结协作、廉洁高效、勤政为民的党支部领导班子，为农村经济发展和农民致富提供坚强的组织保证和战斗堡垒。他首先抓制度建设，建立健全监管机制，实行规范化管理。他先后制定大坡村党支部《党支部工作职责》《"三会一课"制度》《党员干部学习制度》《村务、财务公开制度》等多个规章制度，把各项工作纳入科学、规范管理轨道，使干部办事有规可依、有章可循，从而自觉约束和规范自己的行为。其次抓好党员干部学习，不断提高干部整体素质。该支部坚持定期组织党员干部学习"两学一做"、党的十九大精神、省第七次党代会精神以及习近平总书记"4·13"重要讲话等有关重大会议精神，学习党在农村的路线、方针和政策，学习党章、农业种植养殖技术，进一步提高党员干部的政治素养，坚定信念和政治立场，增强工作能力，拓宽视野，更新观念，有效地保证党的方针、政策在农村得到贯彻和实施，促进各项工作的顺利开展。三是以开展"创先争优"活动为载体，不断增强党支部的凝聚力和战斗力，使其真正成为带

领群众全面建设小康社会的坚强核心。四是积极发展新党员，增强党支部活力。大坡党支部严格按照"坚持标准、保证质量、改善结构、慎重发展"的方针，真正把思想好、作风正、能力强的优秀人才吸纳到党组织中来，发展培养新党员。

调整产业结构，带领群众致富

大坡村委会地处较为偏远，过去由于群众思想比较保守，农业生产在较大程度上还采取传统的耕作模式和习惯，导致产业结构单一、经济效益低下、发展滞后、农民收入水平不高。为了改变这一现状，寻求发展新路子，促进农民增收致富，黎业余上任以来，大坡党支部班子成员不辞劳苦，深入每个村庄，走遍每一个田埂和坡地，进行实地考察和研究，制订发展规划。经过全面的考察和研究，集思广益，确定了大坡的发展思路：以粮为基，长短结合，种养并举，大力发展橡胶、胡椒、冬种瓜菜和热带水果。为了使发展战略得以实施，支部班子成员走家串户，做发动群众工作。黎业余率先垂范，积极发挥模范带头作用，投资6万多元在后塘村改、扩建鱼塘进行罗非鱼养殖10多亩，建起养鸡4 000多只的示范基地。同时积极招商引资，已有5个客商在大坡投资，引进公司发展养猪基地，年产肉猪5 000头。通过多方带动，农民发展种植高效农业的积极性日益高涨，在黎业余的带领下群众新植橡胶1 300亩、槟榔580亩、荔枝400亩、瓜菜670

亩。他还引导人民群众克服以往单打一的习惯模式，通过多种经营，加强农田整治，大力发展种养业，增加家庭经济收入，改善生活。

在他的带动下，村主任符德干同志也养殖了 20 万尾鱼，在村里起到了带头作用。黎业余还争取到镇政府扶持资金 4 万多元，通过一事一议、同工同劳，共投入资金 8 万多元，用于加深加宽水井及机房建设。

带动贫困户脱贫致富

作为致富带头人，黎业余无偿给建档立卡贫困户提供鸡舍、鸡苗、饲料、兽药、料槽、饮水设备及场地等所有的养鸡费用，为贫困户支付打工的工资报酬，实施合作养鸡。该基地实行统一管理、统一培训、统一生产、统一销售。合作养鸡的所有费用支出（包括种苗、饲料、兽药、水电费、经营管理费用等）由致富带头人黎业余负责，承担所有风险，费用支出计入生产成本。扣除所有的生产成本后的纯利润，按一定比例进行分配，其中致富带头人享有收益的 80%，贫困户享有收益的 20%。当贫困户的家庭人均纯收入达到或超出海南省的脱贫标准，按相关程序成功实现脱贫后退出合作机制，然后纳入下一批黄竹镇建档立卡贫困户。

下一步黎业余还将继续加大培训力度，争取联系定点单位的支持，开展种植、养殖等知识培训，成立农村经济合作社，扩大生态养殖规模。还将对具有示范带头作用的党员、致富能手大力宣传，密切党群关系，真正发挥出党员的模范先锋作用。每天对村干部坐班情况进行检查，每周定期开展环境卫生整治，确保制度落实到位，环境干净卫生。

危难时刻，冲锋在前

2010 年 9 月 30 日至 10 月 8 日，黄竹镇普降特大暴雨，大坡村近 1 000 人的生命财产安全受到严重威胁。灾情就是命令，在黎业余的带动下，大坡村党支部组织党员干部全部下到各农户家，第一时间将低洼位置被困群众、五保户、低保户等 56 人转移到安全地带。同时，大坡村党支部在黎业余的带头下还成立抗灾突击队，由党员干部组成，主要负责对道路、桥梁、各村被困群众、危房的巡查，做好水库的应急抢险准备。

在这次防灾救灾中，黎业余充分发挥了战斗堡垒作用。在洪灾来临时，黎业余不但及时与镇村干部一道做好本村的抢险救灾工作，还主动请求参加镇里的抢险队伍。他冲锋在前，与镇干部一起做好镇各水库的不间断巡查，直到天亮也不休息。对 5 宗水库及时进行泄洪处理，确保了水库的安全。在得知海榆东线石龙水库山翠桥处有两名群众被洪水围困时，主动报名与镇干部去营救。在大家的共同努力下，终于将两名群众救出。

主要成效

2017 年，以黎业胜脱贫攻坚养鸡示范基地为依托，增强贫困户的自我"造血"能力，促进全村脱贫。在黎业余的带动下，全村饲养阉鸡，每户具备 4 000—5 000 只的规模，还解决了 1 户贫困户的就业困难。

经验与启发

俗话说：支部强不强，先看"领头羊"。村子要进步，经济要发展，农民要富裕，必须要有一个坚强的党支部带领群众。

一分耕耘，一分收获。黎业余以一颗赤诚的心，用自己的才智充分展示了当代年轻党员干部的勤勉敬业、无私奉献的优秀品质，树立了在群众中的光辉形象，为党旗增添更加靓丽的色彩，深受群众的拥护和爱戴，在平凡的岗位上做出了不平凡的业绩。

创建合作社　发展集体经济

——岭口镇鲁古井村党支部书记、村委会主任莫兴仲

人物名片

　　莫兴仲，男，1977年3月生，中共党员，高中学历，现任岭口镇鲁古井村党支部书记、村委会主任。

村庄情况

鲁古井村委会是岭口镇的贫困村之一，地处龙门镇通往岭口镇的省道主干道上，村中农户土地资源较少，产业基础薄弱，加上村中生产道路改造不够完善，农户的生产发展受到极大制约。村民的收入基本靠槟榔种植，但受土地资源限制，一直以来收入不高。

工作措施

创办合作社，带头发展养殖业

2015 年莫兴仲回村后，开始筹备创建定安岭口启航种养专业合作社，地点位于鲁古井村委会大塘田村大炳坡，以保护定安黑猪原种为主旨，于 2017 年 3 月正式挂牌成立。合作社占地 13 亩，注册资金 300 万元，投入建设资金 300 万元，有社员 12 户，其中贫困户 2 户。合作社以"党支部 + 合作社 + 农户"模式发动本村委会的农户参与入股合作，是一个集养殖母猪、种猪、肉猪，种植槟榔和发展渔业为一体的股份制专业合作社，主要培育定安本地黑猪种苗，保护定安本地黑猪原种母本，建成定安县南部地区最大的黑猪保种基地。

帮扶贫困户，合力打赢脱贫攻坚战

合作社还在创业初始阶段，带动的贫困户并不多。帮扶的模式主要有入社合作、免费技术指导、帮助销售等。最初入社合作的 2 户贫困户都有了显著的发展成效，特别是陈元金一户。陈元金原本家里土地很少，仅靠种田艰难维持生活，家境相当贫困。加入莫兴仲的养猪场后，通过合作社的帮助努力学习养猪技术，逐步发展了自己的养猪产业，后来合作社还支持他发展养鸡产业。陈元金于 2017 年实现脱贫。

加强党组织规范化建设

一是做好阵地建设，加强党组织活动、办公场所建设，设置党员活动室，健全基层党建文书资料，及时公开党务、政务、财务信息，为充分发挥基层党组织的战斗堡垒作用提供坚强组织保障。二是做好制度建设。认真贯彻落实党支部发展党员制度、党员教育培训制度和政治生活制度、组织生活制度等党内有关制度，切实做到令行禁止，不流于形式。过好党内组织生活，严格执行"三会一课"制度，定期召开支部党员大会、支委会和党小组会，按季度召开党课，严格执行民主生活会制度。严把党员队伍入口，注重在致富能手中培养党员，把党员培养成致富能手，制订党员发展计划，不断优化党员队伍结构。

创新发展模式，积极发展集体经济

为解决集体经济薄弱等问题，积极与镇政府沟通协调，根据鲁古井村自身情况，争取发展专项资金，帮助鲁古井村发展生猪养殖产业。采取"村集体＋农民专业合作社＋贫困户"经营模式，集中培育，统一管理，初步形成生猪养殖规模化、产业化发展，促进农民增收，带动全村建档立卡贫困户，实现贫困户脱贫从"输血"向自我"造血"功能的转变。鲁古井村委会与岭口启航种养合作社签署合作协议。合作双方的权利与义务，应严格按照协议规定履行。生猪养殖基地主要由启航种养合作社进行日常管理，项目实施中优先聘用在合作社入股的建档立卡贫困户，解决其就业。2018—2020 年村委会须从分红收入中至少支出 60% 的资金，用于帮助本村建档立卡贫困户发展产业、脱贫致富。从 2021 年开始，村委会所得分红主要用于公益事业、经济产业发展等方面。资金的具体使用办法，由村"两委"会议研究确定后，形成书面材料报镇政府批准。

主要成效

产业化组织化发展，有效带动贫困户脱贫致富

利用农民专业合作社，组织带动贫困户和农户发展产业，是当前较好的一种发展模式。鲁古井村党支部书记莫兴仲，利用自己开办的合作社，采用"党支部＋合作社＋农户"模式发动本村的农户参与入股合作，养殖母猪、种猪、肉猪以及种植槟榔等，2018 年帮扶贫困户 91 户。

党组织规范化建设，进一步加强基层党建工作

建立健全运行规范的基层党建工作体系，推进党支部规范化建设，进一步优化组织设置、阵地建设、党员结构，有利于提高基层党组织领导核心作用。莫兴仲借村委会办公大楼改造之际，积极筹划党支部规范化建设，配合镇党委，加强阵地建设，完善规章制度和管理机制，完善村级治理模式。

集体资金入股合作社，拓宽了村集体经济增收路径

莫兴仲积极参与筹划解决集体经济薄弱问题，在镇政府的号召下，吸纳村专项资金注入合作社，通过合作社的经营管理，年底按照 5：5 的比例分红。同时在 2020 年前拿出集体经济的 60%，用于帮扶贫困户。

经验与启发

一是发展农村集体经济，必须探索多种经营模式。集体富，村民富；集体穷，村民穷；集体空，民心散。集体经济的发展，不仅意味着村民负担的减轻、收入的增加，在更大程度上意味着村民福利的改善。只有探索多种经营发展模式，才能有效解决农村集体经济发展的困境。

二是加强基层党建，必须着力提升基层组织力。扎实推进抓党建工作，促进乡村振兴，必须突出政治功能，提升组织力，把农村基层党组织建成坚强战斗堡垒；必须强化农村基层党组织领导核心地位，着力引导农村党员发挥先锋模范作用。

创基业　办实事
帮青年农民走上脱贫致富路

——南吕镇五星村党支部书记、村委会主任林国儒

人 物 名 片

　　林国儒，男，1974年5月生，中共党员，大专学历，现任屯昌县南吕镇五星村党支部书记、村主任。

村庄情况

屯昌县南吕镇五星村有 8 个自然村，总人口 722 户 2 667 人，有劳动力 1 068 人，外出务工 426 人，其中贫困户 91 户 341 人。该村主要经济收入来源于种植水稻、槟榔、橡胶等，主要养殖猪、牛、鸡、鸭、水产等。

五星村在屯昌是无人不知。多年来，凡是屯昌人都认为，南吕镇五星村是出名的"烂仔村"，村中有相当部分的年轻人，游手好闲、不务正业，偷盗、打架时有发生，只要在南吕镇发生的社会治安案件，十有八九都有五星村人参与，五星村成为当年远近闻名的"乌青村"。许多干部群众都说：如果五星村的人变好了，南吕就好了一半。近几年来，南吕镇五星村委会在镇党委的领导下，在县关工委的帮助下，充分发挥了党支部战斗堡垒作用，利用"五老"优势，尤其是经过近几年的家教家风教育活动，五星村村民的家风、村风、民风都发生了显著变化。往日的"乌青村"，今日已经成为文明村。

工作措施

配合职能部门，大力整治社会治安，为建设社会主义新农村创造平安、和谐、稳定的社会环境

几年前，五星村部分青年，由于文化素质偏低，法律意识淡薄，常常因些家常小事、口角相争或是看不顺眼就大打出手，"用拳头解决"，甚至有些蛮不讲理的年轻人，横行村里，盗窃、持刀敲诈勒索，村民普遍缺少安全感，民心涣散，村风败坏，人人自危。如此突出的治安问题，对民心、对社会尤其是对青少年已造成严重的影响。为此，林国儒主动联系相关职能部门，重拳出击，整治社会治安。一是争取上级的支持，完善"一村一警"包村联系制度，充分发挥包村民警的作用。二是大力宣传法制教育，增强村民的法制观念，提高村民素质，形成文明健康的社会风气。三是利用家教家风教育活动，引导村民讲法律、讲道德、讲做人、讲勤劳、讲致富，使大家都能明理、知耻、崇德、向上、向善。四是发挥"五老"优势作用，对"迷途"青少年及其父母进行帮教，使他们迷途知返。经过几年的努力，现在五星村人不但改过自新，还自觉地维护治安秩序，形成良好的社会治安环境。村里的槟榔果不用人看守，偷盗、打架、敲诈勒索现象也基本消失。

引进项目，创基业，帮助青年农民走上致富路

在五星村，农村青年群体占大多数，是农村中最年富力强、最活跃的主力军，也是促进农村繁荣进步的主要力量。但是一直以来，由于没有很好地发挥这些主力军的作用，大部分的农村青年总是游手好闲，无事可做，还觉得在农村没奔头，没有出路，情绪低落。针对此状况，林国儒看准发展绿色产业，鼓励农民创业，帮助农村青年群体拓宽就业渠道，这样既能推动农村经济发展，又能开辟农村就业新渠道，促进农民增收。

(一) 成立"屯昌五星村瓜菜产销合作社"，解决农民就业

在林国儒的牵头下，屯昌五星村瓜菜产销合作社顺利成立。社员们推荐出村里青年林仕基任社长，林阳任合作社理事，负责栽培技术指导和购销，合作社成员236人，其中大部分是青年农民。合作社的宗旨是：发展绿色产业，统一收购、统一销售，解决种植难、销卖难的难题。其操作模式是产、购、销一条龙，瓜菜产品畅销广东、重庆、成都等地。有一年尖椒的价格低靡，合作社顶住了购销中的种种压力，以保护价进行收购，保护了农户的利益，多方寻找销售渠道，得到了群众的高度认可。

(二) 引进项目，形成规模，促进生产

在林国儒和合作社的努力下，引进重庆"刘一手"集团公司，承包五星村200亩地，形成规模，扩大产业，又增加了大批农民就业。该公司进驻五星村后，得到镇党委的重视和支持，公司有4名党员，由镇党委批准成立党支部，选举青年党员林仕居同志任支部书记，公司党支部主动围绕党的中心活动并发挥积极的作用。近年来，该公司为当地农民办了不少实事好事，村里10名残疾人得到该公司每人每月1 000元的生活补助，连续帮扶10年；还

赞助 20 台电视机给五星村的困难群众，累计帮扶五星村资金共计 140 万元。此外，总投资 1 600 万元的欣旺槟榔加工厂投资建设在村委会，不但解决了五星村 200 多人的就业，而且还促进了南吕槟榔的种植和销售。海南力口生态农业有限公司的"地瓜生产实验基地"项目落地五星村，该项目租地 200 多亩，现在正在进行土地改良，一年之后正式投产的该项目将有力地帮助五星村更多的富余劳动力就业，也将会为五星村带来更好的经济发展机遇。

(三) 利用"国土整治项目"，为招商引资打好基础

为了更好地开发五星村的绿色农业，吸引更多投资者，林国儒抓住机遇，利用"国土整治项目"，做好深入细致的群众思想工作，继续开展五星洋 200 多亩田洋整治。现在整治基本完成，为下一步招商引资打下良好的基础。

以家教家风为契机，向上向善的道德教育为动力，促进家风、民风、村风的好转

近年来，五星村委会经过家教家风、六个专题和向上向善主题教育，使广大村民对家风、家训作用有了较好认识，提高了村委会群众对关心教育下一代的重视。古史村的林氏祠堂正门写的对联"古言教子教孙先教义，史语积德积善胜积金"，教育我们做人要讲义和积善。不义之财不取，无德之事不做。五星村的群众自觉地将这副对联的精华传承下去，教育他们的下一代，让五星村真真正正成为名正言顺的"五星"村。

探索"党建+"模式，夯实党建工作基础

积极探索"党建+"模式，把党建工作延伸到五星村各项工作中。一是推行"党建+产业"。为了做大做强"白肚面"地瓜产业，村支委会班子多次到海南力口生态农业有限公司交流洽谈合作，并说服该公司在五星洋建设占地面积约 300 亩的"白肚面"地瓜改良育种基地，重新打造标准化、规模化、品牌化的南吕"白肚面"地瓜品牌。为了解决租地问题，支委会带领村支部老书记郭泽彬、林家涛等 3 名党员挨家挨户到涉及土地的 116 户农户家里做思想工作，同时积极与公司协商租地价格，确保农户利益最大化。在党支部的多方协调和努力下，终于让 116 户农户以双方满意的价格将土地统一出租给海南力口生态农业有限公司。二是探索"党建+合作社"。在五星村瓜菜产销专业合作社成

立党支部，发动懂技术、会经营的党员加入合作社，同时在合作社下设 8 个党小组，每名党小组长兼任小组技术员，为群众提供瓜菜种植、销售、市场信息、种植技术、病虫害防治等各方面的指导。目前，合作社每年冬春共发送瓜菜 50 多班次，纯利润约 20 万元。三是实行"党建＋脱贫攻坚"。积极发挥第一书记、县驻村干部、镇包点干部和普通党员的作用，助推脱贫攻坚。共争取上级资金 9 万元对农民工进行培训，转移剩余劳动力 362 名，其中贫困户劳动力 16 名，通过加强技能培训，转移剩余劳动力，增加农民收入。帮助 33 名建档立卡贫困学生申领教育补贴 84 700 元；完成建档立卡贫困户危房改造 17 间。

主要成效

时移世易，如今的五星村 8 个自然村，村村通硬化路，人均收入稳步提升；年轻人积极外出务工，盗窃斗殴现象大大减少，村民重拾教育为重的村风，整个村子焕发积极向上的活力。五星村正依靠政府优惠政策、企业入驻带动农户、重视坚持教育等多条"腿"稳健迈向脱贫致富的康庄大道。

经验与启发

充分利用本土优势，引进地瓜企业、槟榔加工厂，引导成立专业合作社，带动当地农民积极就业增收；村支书带头劝导和建设，曾经是年轻人不务正业、偷盗勒索、拳脚相向成风的典型问题村，蜕变为积极脱贫的先进典型。

五星村的转变，得益于屯昌县不断强化基层党组织带头人队伍建设。通过选优配强村级干部队伍，加强带头人队伍培训，使农村"两委"干部更新观念，创新农村社会管理，推动农村经济发展。

·陵水县·

团结班子　发展经济

——英州镇母爸村党总支书记、村委会主任陈飘

人 物 名 片

　　陈飘，男，黎族，1986年9月生，大学本科学历，中共党员，第十三届全国人大代表。2014年2月由陵水县委组织部选聘到英州镇母爸村任大学生村官，2017年获得"海南省脱贫攻坚奉献奖"，现任母爸村党总支书记、村委会主任。

村庄情况

母爸村委会位于英州镇的西南部，与三亚市南田农场响水分场毗邻，是陵水县芒果科技联结的示范基地，距离英州镇区约 9 千米，管辖陆田、母爸、乙堆、万福、生六等 5 个自然村，9 个村小组，全村 591 户 2 680 人，土地面积 3.5 万亩，其中水田面积 1 807 亩，全村种植芒果 6 160 亩，建档立卡贫困户 144 户 675 人，2018 年未脱贫的 6 户 27 人。

工作措施

2015 年 7 月，母爸村党支部书记、村主任及部分"两委"干部因多占扶贫物资受到纪律处分被免职，造成群众信任危机，说话办事没人听，各类问题凸现，矛盾错综复杂，干部人心涣散，许多工作推进不了，村里工作几乎陷入瘫痪状态。面对这个情况，英州镇领导找到当时刚当村书记助理一年多的陈飘，想让他"试试看"。"母爸村不能就这样毁了！"陈飘决定直面挑战。就任村书记后，陈飘的目标是抓好班子队伍建设，发展壮大村集体经济，带领全体村民共同富裕。

抓党建聚合力，强基础促脱贫

（一）紧抓学习教育，提升素质能力

当村书记后，陈飘发现村"两委"干部成员文化水平普遍不高，业务能力不强，导致工作干劲不足，班子的凝聚力也不强。学习和掌握更多的知识是做好母爸村工作的关键，为抓好党员干部的学习教育，他精心设置课程，按照"干什么学什么，缺什么补什么"的原则安排。一是突出政治素质培养。组织母爸村党员干部集中学习，给大家讲解了十九大精神、习总书记系列重要讲话精神，特别深入解读"4·13"重要讲话精神，传达了十三届全国人民代表大会一次会议精神，清晰地解读了海南省委七届历次全会精神等重要的会议及领导讲话精神。通过讲座强化村"两委"领导班子政治素质，努力增强班子成员的党性意识、责任意识和群众意识。二是突出任职能力培训。聚焦农村建设发展和群众关心的热点问题，以农村实用的法律法规、相关惠农政策和农村实用技术等为主要内容进行专题讲座，如：我讲《塘约故事》、扶贫政策专题培训、芒果种植管理技术指导等。重点针对规范农村经济管理、如何当好村干部、做好扶贫工作等一系列贴近农村工作实际的问题，着力解决村干部会干事、能干事的问题。

(二) 加强民主集中，提高凝聚力量

在基层工作中有嫌麻烦不愿搞民主、有私心不想民主、认识偏颇压制民主、顾虑多不敢民主的现象发生。陈飘同志任村书记后维护好班子团结，带头执行民主集中制，从不把"班长"当成"家长"。做到总揽不包揽、分工不分家、放手不撒手。一是保障党员民主权利。尊重党员权利，坚持重大决策征求意见制度，广泛听取各方面群众的意见和建议，鼓励和保护党员群众讲真话、讲心里话。重要事项需要讨论的，要让党员早知道，使党员更好了解和参与党内事务。二是营造班子内部平等讨论的氛围。俗话说"家和万事兴"，班子要和谐，团结最重要。要按照程序进行决策，特别是涉及资金、项目、用人等重大问题，如母爸村的资金使用、发展村集体经济产业项目、村庄一些公益性岗位的人员使用和发展新党员等事项都要经过集体研究，从不搞个人专权，做到广开言路、集思广益、充分协商。

(三) 带头攻坚克难，发挥示范引领

2015 年 8 月，母爸村工作几乎陷入瘫痪状态。面对这个情况，为了调动"两委"干部的主动性和积极性，刚上任的陈飘书记对母爸村的全体工作进行了谋划部署，并事事亲力亲为，充分发挥表率示范作用，积极解决全村重点难点工作：拿起锄头和扫把带领"两委"干部和党员对母爸村进行环境卫生大整治；主动带头对困难党员进行慰问；积极向上级有关部门申请资金完善村庄基础设施建设；为做大做强芒果产业主动和当地龙头企业沟通，积极推动芒果标准化种植；为了完成上级有关部门的工作任务，带着"两委"干部挨家挨户做工作；等等。通过陈飘书记的带头示范，村"两委"干部和党员慢慢地接受和认可了这位外乡人，并积极地响应他的号召，积极主动为建设母爸村献出自己应有的力量。

（四）严明政治纪律，树立良好作风

陈飘同志认为作为一名村书记必须加强思想、作风、纪律建设，树立良好工作形象，形成严明的纪律和优良的作风，同时他要求村"两委"干部要有廉洁、勤政、务实、高效的新形象。他常要求党员干部要以廉洁自律为准则，在廉政建设中始终对自己高标准、严要求，率先垂范，以身作则，时刻做到自重、自醒、自警、自励，自觉加强党性修养。2017 年 7 月 1 日，陈飘组织全体党员到红色教育基地坡村参观学习，并要求母爸村全体党员穿上红军服装重温入党誓词，引导广大党员继承和发扬革命先辈艰苦奋斗、无私奉献的优良传统，进一步解决党员队伍在思想、组织、作风、纪律等方面存在的问题。

抓产业促脱贫攻坚，发展壮大村集体经济

（一）做大做强芒果产业，夯实脱贫攻坚基础

为人民服务是无止境的，陈飘不满足于修水灌溉，更是结合母爸村实际，为村庄未来思考，与村"两委"研究集体经济发展。母爸村优势种植作物是芒果，全村有 6 160 亩芒果，年产量约 1 万吨，芒果的收入一般占到村民家庭总收入的70%—80%，还有一小部分是靠冬季瓜菜。但长期以来，芒果主要销售给小商贩，价格上不去；小门小户分散种植，品质也参差不齐。用肥、用药、品种选育等都没有标准。而芒果的产量和销售价格直接影响村民的收入，怎样将芒果卖出个好价钱，陈飘很是费了一番心思谋划。他从加强农产品质量安全标准体系建设和提高芒果品牌品质入手。2016 年 4 月，陈飘帮助母爸村完成芒果商标注册认证，借此提升芒果的知名度。12 月，他又主动和知名电商联系，邀请电商代表到芒果基地实地考察，共同拓宽市场销售渠道，推动线上销售；多次与旅游公司联系，做好采摘游服务，使芒果基地慢慢向休闲农业转型。2017 年下半年，母爸村引进业界知名的雷丰芒果专业合作社，与其签订了战略合作协议：由合作社提供专业

技术服务队伍和测土配方实验室，对芒果种植的全过程进行标准化管理。试点农户的芒果能卖到每斤 4 元，是市场均价的两倍左右。通过标准化生产提高芒果品质，提升芒果产量，母爸村村民的收入比以往有了更大的提高。

目前，陈飘正琢磨着结合芒果产业，打造全域旅游模式下的共享农庄，这一想法并非空中楼阁，也非临时起意，而是基于大政策背景下的思考。2017 年，财政部下发了《关于开展田园综合体建设试点工作的通知》，确定要在 18 个省份开展田园综合体建设试点，作为试点省份之一的海南，重点就是以发展"共享农庄"为抓手，"共享农庄"也成为未来发展乡村旅游的有益突破口。基于这个大背景，陈飘瞄准机会，"正在动员村民把多余的房子拿出来，结合芒果主题来做民宿，发展芒果采摘游。"2018 年 3 月底，以"芒果飘香季，月月'共享'趣"为主题的陵水（英州）芒果采摘季暨乡村游活动正式在母爸村启动，该活动以"共享典礼 + 一个共享果园 + 四大共享主题 + 五种趣味体验"的丰富内容为主，吸引来自全国各地的游客，不仅帮助母爸村的果农促销芒果，还打响了陵水芒果品牌，形成良好效益。

（二）引进玫瑰种植产业，发展村集体经济

2018 年 3 月 5 日，陈飘到北京参加全国人民代表大会，认识海南代表团玫瑰谷董事长杨莹代表，通过和杨总深入交谈了解玫瑰产业后，陈飘想把玫瑰产业引进母爸村种植，这样既能美化村庄，为今后发展乡村旅游奠定基础，又能增加村民收入。开会回来以后，陈飘带领"两委"干部、各村组长主动到亚龙湾玫瑰谷进一步了解食用玫瑰这一产业。通过几次的参观了解，母爸村决定 2018 年试种食用玫瑰 50 亩，预计 8 月初下苗，这样一来既能提升村集体经济收入，也能为建档立卡贫困户提供一定的就业岗位，促进增收。

（三）成立扶贫公司，巩固脱贫成果

2017 年，英州镇党委又委以陈飘重任，筹资 1 000 万元，组建英州惠农扶贫农业开发有限公司，陈飘任执行董事兼总经理，谋划英州镇 15 个村 554 户贫困家庭的脱贫大计。陈飘通过市场化运作，每年为贫困户带来不少于 180 万元的保底分红。此外，依托各村独特的资源优势，陈飘探索开发了园林绿化养护、本地山羊繁育、生鲜配送等多个产业，增加贫困户收入，保障贫困人口脱贫不返贫。比

如贫困户胡文海通过在该公司务工，大大缓解了生活压力。他的妻子黄亚酿患病，胡文海带着她到海口、三亚等地求医，无奈一直都没有查出病因，妻子周期性发病，9年里间歇性住院接受治疗，除去报销部分，家中每年种植芒果带来的收入与妻子看病的开销、路费几乎持平，对生活失去了信心。好在陈飘找到他，主动让他到惠农公司工作，这样除了种芒果，还能有一份稳定的收入补贴家用。胡文海说，他的工作是管理温泉大道上的绿化带，协调其他工人除草、修建草坪、美化种植，每月能领到3 500元的工资，这样一来，生活的压力就小了很多。

2018年2月，在陈飘的主导下，惠农生鲜配送正式开业，陵水英州惠农扶贫农业开发有限公司是惠农生鲜配送项目的最大股东，占股33%。惠农生鲜业务推出后很受当地市场欢迎：有价格优势，自产自销、集中采购；服务好，送货上门、一天多送；规范、标准化操作，出库有检疫、食品安全有保证。此外，惠农生鲜配送研发了信息化系统，解决了采购和配送的瓶颈问题；做了22项流程及规范，让工人听话照做就能很好地完成工作。惠农生鲜有一整套完整配送系统及流程，复制力强，合伙人经过一周时间的培训，就能快速在当地落地。惠农生鲜配送最终目标就是让客户能吃上放心菜的同时也能为贫困户提供更多的就业岗位，帮助贫困群众解决农产品和农副产品的销路问题，促进贫困群众增收，走向共同富裕之路。

抓民生听民意，解民情聚民心

2015 年 8 月 10 日母爸村组织村民开展村庄环境整治。陈飘在村里听到一位村民抱怨：房前屋后打扫得再干净，终归是面子工程，目前我们的水田好久都没有水灌溉了，再不想办法，就没有收成了。陈飘听到村民这番话，心里很不是滋味。11 日上午他把母爸村的旱情向县水务部门汇报，争取了 3 部抽水机，当时村委会经费较为紧张，陈飘自掏腰包付油费，组织各村小组抽水抗旱，让母爸村200 多亩水稻重返生机，确保群众利益。

2015 年 9 月，是村民养老保险费的收缴期。往年保费都是村民交给村民小组长，再由组长集中送交村干部。陈飘借着这个机会，改变传统做法，自己领着村干部挨家挨户收保费，半个多月就把全村 590 户人家跑了个遍，利用上门的机会，宣讲村务公开，并认真倾听村民的心声，及时了解村民内心的真实想法，积极挽回村民对村"两委"干部的信任，很多村民感到了新班子带来的新气象："跟过去大不一样了。"

2016 年 4 月 11 日，陈飘发现，60 多岁的村民胡某良，孤身一人住在濒临倒塌的土房里，患有精神病的她还经常发病，儿子为此离家多年不归。第二天，他和村干部胡才广借来 5 000 块钱，自己开车送老人去五指山市一家专科医院看病，病情好转后，他又把老人接了回来。回到家，老人大吃一惊——以前破旧的房子不见了。原来，在老人看病期间，陈飘帮老人申请了危房改造，新建起了 3 间明亮的平房。现在老人很久没有发病了，儿子也回来了。"去年，老人的儿子结了婚，前段时间生了个女儿，一家人见到我都乐呵呵的。"付出就有回报，陈飘很是满足。

主要成效

在陈飘的带领下，村委会为母爸村 6 160 亩芒果引进标准化生产，打响母爸芒果品牌；还成立了陵水英州惠农扶贫农业开发有限公司，服务英州镇 554 户贫困户，提高贫困户的脱贫致富本领。现在，母爸村 30 亩食用玫瑰项目已经落地，下一步将开展芒果的标准化种植。同时，还将持续聚焦精准扶贫，巩固成果，实现持久长效的真脱贫，并且早日实现生活富裕的愿景。

思考与启示

一是新农村发展需要政策支持。2015 年以来，中央出台了多个政策措施，都重点提到农村一、二、三产业融合发展。当前农村进行三产融合势头很好，但是在资金、技术、市场、人才等生产要素方面，多多少少都有欠缺，有的甚至严重欠缺。基层政府在这方面也缺乏可参考的推广样板。

如今，我们迫切需要中央或省级层面能够集中资源培育或发现一些真正好的可持续发展范例，让全国各地农村搞三产融合有切实直观的榜样可学，并在实践中探索出多种融合模式，加快三产融合的进程，让百姓真正获得发展成果。

二是发展新农村需要培育新农人。建设美丽宜居乡村，构建乡村产业体系，发展优质高效农业、绿色循环产业等各种新产业和新业态都需要社会资本和专业人才的参与。但当前农村发展普遍缺乏有专业运营经验的人才和企业，迫切需要政府在加大财政资金奖补力度、强化建设用地供给保障等方面构建政策支持体系，健全招商服务平台、建设创业孵化平台、完善产权交易平台。

三是发展新农村需要加强资本监督。引入社会资本的同时一定要守住政策底线。这个底线就是一定要保障并且优先保障农民的利益。这要求政府在支持社会资本的同时，加强全程引导和监督。社会资本进入乡村的前期，在保障其合理收益的前提下，应是以社会效益为主的工程。政府的前期目标不应像一般的招商引资一样，还是用那套将引进的社会资本培育成纳税大户的思维，而是应将社会资本当作协同政府推进乡村振兴战略的助力。

脱贫攻坚小战士　服务群众大管家

——提蒙乡曾山村党支部书记林慧慧

人 物 名 片

　　林慧慧，女，陵水县提蒙乡妇幼保健与计划生育服务站技术人员，曾山村党支部书记。

村庄介绍

提蒙乡曾山村位于陵水县西北部，村辖区内共有 4 个自然村、10 个村小组，共有 359 户，总人口数为 1 505 人，党员人数为 70 人。全村面积为 376 公顷，耕地面积约 133 公顷，主要种植水稻、豆角、圣女果等。

工作措施

为了打赢打好脱贫攻坚战，决战决胜全面小康，在县委的支持指导下，各基层党组织积极开展"党建引领 精准帮扶""乡村振兴 生态宜居"等方面活动。

以党建为抓手，加强基层组织建设，凝聚班子合力

通过开展创先争优活动，引导村"两委"干部在工作开展中，坚持高标杆定位，高标准落实。坚决落实党务、村务公开制度，不断完善和健全班子议事规则、村民代表会议议事规则、"四议两公开"等工作制度，并制作成版面上墙，使村里的工作更加制度化、规范化，凝聚起打赢脱贫攻坚战的强大合力。

以开展"两学一做"学习教育活动为契机，规范完善"三会一课"制度。截至 2018 年以来共开展教育活动 10 次，组织召开党委专题学习会议和党建工作例会 5 次；在此基础上，对 4 个自然村共开展 8 次监督检查，确保"三会一课"等党建工作落到实处。且通过重走红军革命路，让党员再次受到党性教育，主动学习党的优良传统作风，提高党员自身素质，增强党性观念，充分发挥基层党组织战斗堡垒作用。

2018 年 7 月 1 日，林慧慧组织曾山村党支部全体党员干部到琼海红色娘子军纪念园进行红色主题参观学习活动。在红色娘子军纪念雕像前，全体党员面对党旗，举行宣誓仪式，重温入党誓词，再一次做出了对党的庄严承诺。活动中每个

党员都认真聆听红色娘子军英勇事迹，从内心感受巾帼英烈的革命精神对后人的重要影响，时时牢记作为一名共产党员的责任感和使命感。通过此次活动，大家一致表示，在今后的各项工作中，一定以党员的标准和责任严格要求自己，不断提高思想政治觉悟，加强党性修养，甘于奉献，为曾山村的发展贡献一份力量。

抓实抓细全村"党建引领 精准脱贫"工作

截至 2018 年，曾山村建档立卡贫困户 72 户 344 人，在接受县有关帮扶单位及乡政府扶贫物资帮扶的基础上，林慧慧多次与村"两委"干部走村入户，因地制宜，因户施策对每一户贫困户制定相关的帮扶措施，实行一户一本台账、一个脱贫计划，确保扶到最需要扶持的群众、扶到群众最需要扶持的地方。

同时鼓励全村贫困户积极参加脱贫致富电视夜校，并针对每期夜校不同授课内容开展丰富的课后讨论环节，采用村"两委"干部轮流带领贫困户温习讲授夜校内容的方式，同时结合全县扶贫惠民政策，帮助贫困户熟悉全县扶贫相关知识及政府惠民政策，并结合季节瓜菜种植特点，邀请村内种植能手向贫困户传授种植经验，并与村"两委"积极商讨脱贫方案，积极谋划种植、养殖等产业发展项目，规划全村贫困户培训班种养技能培训内容，顺利完成全乡脱贫

攻坚任务指标。

当前,我国减贫工作已进入"最艰难阶段",剩下的都是"硬骨头"。攻坚克难,既要有不同以往的力度,更要有不同以往的智慧。在提蒙乡曾山村,在林慧慧与村"两委"的引领下,许多没本钱缺门路的贫困户也有了致富办法。

加强农村环境卫生治理,打造美丽农家小院

习近平总书记指出,要结合实施农村人居环境整治三年行动计划和乡村振兴战略,进一步推广江浙好的经验做法,建设好生态宜居的美丽乡村。为了改善村庄环境卫生,重塑村容村貌,林慧慧经过与村"两委"多次探索、讨论,成立了环境卫生领导小组,且每个自然村配1—2名清洁工,共安排了8人。有了环境卫生领导小组,村里的环境卫生发生了天翻地覆的变化,彻底整治了卫生"脏乱差"等现象,村民的居住环境得到了极大的改善,也为"双创"创下优越条件。同时利用现有资源优势,把曾山村下辖4个自然村打造成美丽农家小院,发展旅游休闲产业,带动乡村绿色旅游发展。

开展美丽乡村建设,提升百姓幸福感

林慧慧多次组织党员干部、保洁员、贫困户等人员大力开展环境卫生整治活动,以村主干道为重点,着力对各自然村的道路垃圾、卫生死角、陈年垃圾进行清运和填埋,彻底整治影响环境的"脏乱差"现象。针对某些路段沟渠排水不畅、排水沟杂物淤积的问题,组织人员进行清理改造,保证水道畅通,方便农民种植灌溉。同时还鼓励村民们自觉投工投劳,拆除破旧房屋、清理牛栏猪圈,美化村容环境,硬化环村路面,让这座古老村庄重新焕发出生机。此项活动的开展,不仅进一步提高了广大群众的环境保护意识,还营造了全民参与清洁工程的良好氛围。

主要成效

一是脱贫攻坚方面,"授人以鱼不如授人以渔",扶贫重在扶志、扶智相结合,充分调动贫困群众的积极性、主动性、创造性,激发贫困群众内生动力。

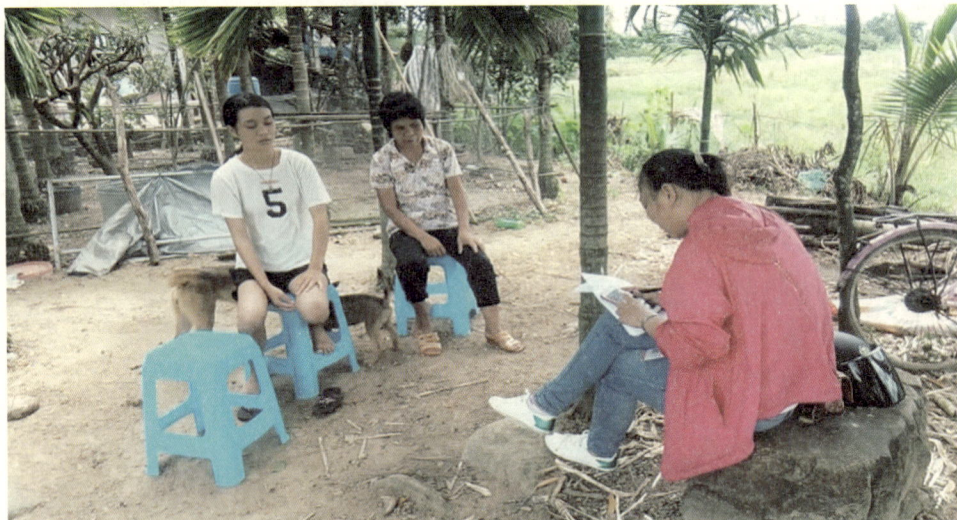

教育引导贫困群众转变思想观念，克服"等靠要"思想，加强技能培训，提高贫困群众发展生产等基本能力。截至2018年，全村贫困户已顺利完成脱贫60户298人。

二是危房改造方面，"安得广厦千万间，大庇天下寒士俱欢颜"，农村危房改造是脱贫攻坚中保障住房安全等基础设施建设的重要内容之一。2014年以来曾山村共完成危旧房改造49户并已全部入住，按照省、县、乡（镇）级危房改造指标任务，2018年正在进行危房改造的有21户。住房保障政策落实的成效体现在了"四类人员"及一般群众的笑脸上。

三是教育扶贫方面，"提高学生资助水平"是国家教育扶贫工程的五大主要任务之一，也是脱贫攻坚"五个一批"的重要组成部分。坚决落实好"不让一个孩子因家庭困难而失学"，既保障了家庭经济困难学生顺利完成学业，也实现了全村建档立卡贫困户中的59名学生，从学龄前到高等教育资助的全覆盖。

四是民生建设方面，加快民生项目进展，落实基础设施建设。全村建设水利渠道4千米，田洋公路渠道4.7千米，顺利完成夏季冬修水利，实现村庄自来水管道全覆盖；村庄主要干道路硬化率、亮化率达到100%，老西园、曾山村等4个自然村美丽乡村建设已全部竣工，洋头垅、后头塘自然村现正在建设污水处理工程，污水处理工程建成后，村庄农户受益率达到80%以上，实现了民生效益。

农保、城乡医疗保险完成率 100%，计划生育、森林防火、综治维稳等各方面工作都按已按要求完成任务指标。

经验与启发

"车行半道要加油，爬坡过坎查刹车。"这是我们长途行驶必要的准备工作。对于脱贫攻坚工作而言，同样如此。坚决打赢脱贫攻坚战，确保到 2020 年所有贫困地区和贫困人口一道迈入全面小康社会，这是以习近平同志为核心的党中央对全国人民的庄严承诺。让贫困人口脱贫，体现党的理想信念宗旨和路线方针政策，是习近平总书记情之所系、心之所惦。虽然扶贫之路任重而道远，虽然收获与困苦相伴，但是"只要大家齐心协力、扎实工作，脱贫攻坚任务一定能够如期完成！"这绝不是一句空话。因为，在决战精准脱贫的攻坚战中，我们有党的坚强领导，有广大党员干部的苦干实干，有全社会的齐心协力，有贫困群众的积极参与。只要大家携起手来，紧盯目标不放松，铆足劲头干事业，就一定能打赢精准脱贫攻坚战，逐步实现好"农业强、农村美、农民富"的目标。

·昌江县·

推进产业发展　开展美丽乡村建设

——七叉镇红峰村党支部副书记刘政勇

人 物 名 片

　　刘政勇，男，中共党员，大学本科学历，七叉镇红峰村党支部副书记。是村里唯一的返乡大学生，2014年通过参加"大学生村官"考试回到了这片故土黎乡，走上了回报家乡、服务农村的"村官"生涯。

村庄情况

红峰村是昌江县"十三五"建档立卡的贫困村，也是七叉镇贫困户较多的行政村之一，位于昌江县七叉镇东北部，村委会距离镇政府 10 千米，辖有田头村、新村、乌烈村、玉地村和王化村 5 个自然村，设 7 个村民小组，共 513 户 2 153 人。村"两委"干部 13 人，党员 68 人。全村建档立卡贫困户 198 户 830 人。在上级党委政府的大力支持下，红峰村积极有效创新地开展脱贫攻坚工作，全面改善村庄生产生活条件。

工作措施

刘政勇是村里唯一的返乡大学生，2014 年通过参加"大学生村官"考试回到了这片故土黎乡，走上了回报家乡、服务农村的"村官"生涯。"农村的发展繁荣是中国梦的圆梦之旅，作为新一代农村青年，更应该回到农村，为建设新农村奉献力量。"刘政勇是这么说也是这么做的。在工作上用情用心用力，不论是开展基层党建还是脱贫攻坚，不论是推动产业发展还是村庄治理，大大小小的工作都有他忙碌的身影。

打铁还需自身硬，带头加强学习

从 2014 年至今，他一直扎根村里，用实际行动告诉党员同志，"打铁还需自身硬"。他带领大家学习党的理论知识和各类政策，坚持开展党员集中学习，提高支部党员的党性修养，强化党员干部工作责任感，提升工作能力。他以开展十星"两委"创建工作为契机，主动帮助干部提高业务技能。给村"两委"干部开展培训，查找问题并指导改进。对工作能力稍弱一些的村干部，他在旁边帮助指导。"不抛弃，不放弃"，对年龄较大的干部，总是一遍又一遍耐心地示范操作，让同事们都学会了使用复印机、远教设备、在线学习系统、扶贫系统和工作常用的文字编辑与表格制作工具。帮助干部熟悉工作流程，做到方便快捷地为群众办事，提高村"两委"的工作效率。

2016年以前，王化自然村是红峰村委会典型的脏乱差村庄，工作难开展，村里都是沙土路，杂草丛生，没有活动场所，生活垃圾到处可见。他当选支部副书记以后，主动要求负责包点王化村。回到王化村，他沉下心走家串户做群众思想工作，组织召开座谈会，听取群众诉求和意见。汇集民意后他第一时间向村党支部报告，主动向上级党委政府申请道路硬化，建设桥梁、文化室、篮球场，安装太阳能路灯等项目，结合镇政府开展"绿化宝岛"活动，组织开展绿化美化植树种花活动，同时动员群众集体开展义务劳动、参加卫生整治。推进开展移风易俗，让群众改变陋习。组织开展各类文体活动，丰富群众业余生活。经过一番整治，王化村的面貌焕然一新，成为红峰村委会村庄治理典范。他趁热打铁，积极组织党员干部群众共同制定《红峰村村规民约》，以制度的形式规范村庄治理，推动村庄治理规范化。

2018年扶贫工作进入攻坚阶段。刘政勇积极承担村里的工作重担，开展扶贫政策宣讲，核查贫困户"两不愁，三保障"情况，联系上级单位到村举办养蜂、面点烹饪、瓜菜种植等技能培训，同时协调帮扶责任人帮助贫困户联系用人企业安排工作实现就业。从4月到5月，历时一个多月时间，刘政勇和驻村工作队进村入户开展排查贫困户"漏评、错评"工作，起早贪黑、加班加点扎实完成513户2 153人的排查工作，做到了全覆盖、全方位排查，不落一户不漏一人。在开展扶贫问题整改"大比武"工作中，刘政勇又主动承担起村里的台账汇编和线上线下数据对照等繁重工作。同时积极推进建立村集体经济组织，配合推进产业扶贫，建立100亩冬季瓜菜"党建种植示范基地"，推动瓜菜产业发展壮大，让农民群众实现增收。

夯实党建基础，发挥党组织战斗堡垒作用

刘政勇是村"两委"中唯一能够解读相关制度政策的干部，在当选支部副书记以后的第一次党员大会上，他指着贴在墙上的《昌江县七叉镇红峰村"两委"制度》告诉与会同志："从现在开始我们要落实好党组织各项制度，按照'党组织五个好'要求，不断提升我们党支部的凝聚力和战斗力。"从那以后，他带着

支部党员规范执行"三会一课"制度，每月开展集中学习，推进支部开展"两学一做"常态化。在他的影响下，村"两委"干部发扬了"不怕苦、不怕累"的工作精神，扎实完成全村 513 户农户的调查登记，每位干部每周走访群众形成常态。突出"双带"作用，鼓励帮助党员干部自觉带头创业。13 名"两委"干部中，有 6 人成立合作社。党员干部在各项工作中起先锋模范作用。优化了工作机制，做到及时了解群众诉求和解决问题，公开党务信息，党员群众监督氛围好，在十星"两委"创建工作中多次取得好成绩。

推动村庄治理制度化，开展美丽乡村建设

以村里存在的问题为导向，结合实践经验，刘政勇组织党员群众制定了《红峰村村规民约》，让村庄治理"有法可依"。每次入户走访，他都详细记录村里的情况和群众提出的问题，在工作会议上讨论寻找解决办法。采取划分片区的做法，让"两委"干部分片包干，在最小单元和最初时间解决问题。通过政策宣传、硬化路面、建排污水沟、配备保洁员、实施美化亮化工程等措施，改善村庄面貌。

推进产业发展，助力脱贫攻坚，帮助群众脱贫致富

他坚持组织党员群众参加脱贫致富电视夜校学习，帮助群众转变观念，增强

脱贫意识。同时因地制宜积极推进发展高效农业。为了帮助贫困群众增加收入，他主动到瓜菜种植基地请教取经，并邀请致富带头人到村传授技术和致富经验，提高群众发展高效农业的积极性和技能。他主动联系上级部门到村举办烹饪、建筑、种养技能培训，让群众掌握技能，增强后期致富能力。积极探索适合本地的村集体经济发展路径，结合本村实际鼓励以自然村为单位，成立村小组的集体经济组织，充分调动各村组的积极性。

主要成效

2015 年全村种植各类冬季瓜菜仅有 136 亩，2016 年种植 362.7 亩，2017 年种植达到了 738 亩，群众从产业中看到了致富的希望。为了把本地冬季瓜菜产业推广起来，他积极申请上级党委支持建立了"七叉镇红峰村党建种植示范基地"，目前实际种植面积 120 亩，既提高了农民群众发展冬季瓜菜产业的积极性，又为推进产业转型奠定基础。

在他负责包点的王化自然村，他带领村干部先做表率，树立榜样，让群众感动，从而汇集集体力量开展有本村特色的集体义务劳动活动，党员群众一起为村庄卫生、绿化美化、社会管理奉献力量。利用文化室、球场等文体设施，开展文体活动，丰富群众业余文化生活，党群之间、群众之间增加互动，增进了解，加深感情。

经验与启发

做好农村工作首先要解决人力资源问题

当前农村的发展还是要依靠挖掘本村内生动力，红峰村的最大困难在于人才比较缺乏。如今，国家的好政策不断向农村倾斜，农村社会发展将会越来越快，工作要求也会越来越高，要确保农村社会有足够的人力资源投入各项工作中，必须要建立完善本地人才回流和引进优秀人才的各项机制。

建强村党支部是推动农村各项工作的关键

建设一支具有良好政治素质和文化素养、热爱农村事业和关心群众冷暖的党员干部队伍非常必要，尤其是党支部书记和"两委"干部的人选一定要配优配强。要充分发挥村党支部的战斗堡垒作用，抓党建促发展，以"党建+"的形式带动全村各项工作开展。如开展"党建+脱贫攻坚""党建+产业发展""党建+村庄治理"工作，以党建为抓手，创新载体，促进各项工作开展并取得成效。

产业发展是乡村振兴发展的基础

农村社会发展状态如何，农民群众生活水平如何，基本取决于农民的收入情况，从目前看，能决定收入情况的是产业发展。产业发展得好，农村的很多问题都可以顺利解决。有必要建立村集体经济组织，因地制宜整合资源，推动农村产业振兴。

新建村的"蜕变"
——新政镇新建村党支部书记高政忠

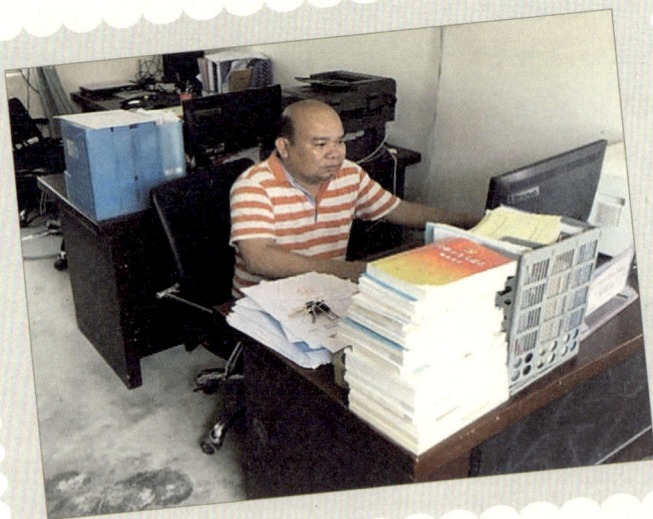

人 物 名 片

　　高政忠，男，中共党员，大专学历，新政镇新建村委会亚洪村小组人，在村委会任职 15 年，曾任村委会文书、副书记，现任新建村委会党支部书记。家庭人口 3 人。

村庄情况

新建村地处保亭县西南面，临近乐东县交界，丘陵地形，四面环山，一条乡村公路与外界相连，距离新政镇政府 19 千米。总人口 748 人，劳动力 524 人，全村下辖 4 个村小组。设有 1 个党支部，党员 51 名，其中女党员 10 名。土地面积 3 200 亩，其中耕地面积 360 亩，坡地面积 720 亩，山地面积 2 120 亩。主要作物为水稻、橡胶、益智和冬季瓜菜等。

工作措施

高政忠原是支部副书记，在担任副书记期间，高政忠深刻认识到村"两委"班子成员个人能力不足，不积极主动沟通，忽视了群众的愿望和切身利益，导致新建村农村经济社发展长期滞后。高政忠认为这样下去不行，想富裕起来，必须加强干部思想文化建设，提升思想境界，并开拓新的致富途径。恰逢村支部换届，因其在村中有一定群众基础，深得民心，在换届选举中被选任支部书记。

抓班子作风建设

2013 年换届选举之前，新建村党支部班子软弱涣散，村小组组长不干事、不担事，村庄管理混乱，环境脏乱差现象严重，被确定为后进支部。2013 年，新一届村"两委"干部上岗后，现任村支书高政忠认真分析落后原因，决定从班子作风建设抓起，多次召开村"两委"会议，谈心谈话，根据他们的工作经验、个人性格和工作任务性质，明确责任分工，确保人人有事做，人人懂做事，人人能做事。严格落实值班制度，做好值班日志记录，热情接待来办事的群众。经过整治，村"两委"干部转变了工作作风，增强了工作责任心，提高了工作效率，凝心聚力，新建村党支部从"后进支部"转变为"先进支部"。

抓党员队伍建设

从前新建村党员管理制度不健全，党费无专人管理，党员不按时缴纳党费，不积极参加党员大会和组织生活，开会迟到，对党的认识出现偏差。2014 年起，新建村党支部以"第二批党的群众路线教育实践"活动和"三信三爱"活动为抓手，以远程教育为平台，严格落实"三会一课"制度，召开党员大会，发挥农家书屋的作用，通过组织党员、干部集中学习和鼓励自学的方式开展党性教育，运用农村广播广泛宣传党的政策法规，提高了党员干部的思想境界和服务意识，村里涌现出许多爱心行动，帮孤儿修建简易竹片房，帮五保户建厨房，帮老党员打扫卫生，妇女自发组建插秧队，互相帮忙插秧，等等。新建村群众互相关爱，团结有序，焕发出良好的精神状态。

发展"互联网＋"模式，推进农村经济发展

新建村委会地理位置偏远，宽带未覆盖村庄，且群众文化素质低，要通过互联网产业发展农村经济十分困难，但新建村党支部在镇委、镇政府的指导下，以"三信三爱"活动为抓手，开展"村民学习日"活动，组织群众学习互联网相关知识，以微信平台为主，建立"新建村党群交流群"、"深山养蜂专业合作社"

微信群、"清水泉山兰米加工专业合作社"微信群，委托大学生村官打理微店，发动有条件的群众加入微信群，通过朋友圈、微店发布农产品信息，践行 B2C 和 C2C 电子商务模式。

2015 年 10 月 22 日新建村开起了第一家网店——微店"农民自己的网店"，在网上销售蜂蜜、苗家糯米酒；2016 年 1 月 5 日在保亭县工商局注册了"风鼓岭"品牌，开始销售风鼓岭品牌系列农产品，如风鼓岭荔枝蜜、百花蜜、野生蜂蜜、苗家糯米酒、酒糟、白酒、山兰酒、山兰米、沉香精品茶等 20 余种深山特产。2017 年 5 月成立保亭县风鼓岭实业有限公司，设立新建村淘宝站，发展"互联网 + 公司 + 合作社 + 基地 + 农户"产供销一体化、线上线下相结合的新型产业模式。形成以公司为中心，统一产品包装，推广风鼓岭品牌，深山养蜂合作社、山兰米加工合作社等 6 个合作社为辐射点的产业集聚效应，构建线上线下多渠道销售网格。

找准致富路子，发展特色产业

2015 年在国家消灭贫困、打赢脱贫攻坚战号召下，新政镇新建村党支部书记高政忠带领村"两委"班子与驻村工作队、脱贫攻坚战斗队开展脱贫工作，全村建档立卡贫困户 44 户 193 人，其中缺资金致贫 17 户 83 人，占贫困人数的 43%；因病致贫 8 户 28 人，占贫困人数的 14.5%；缺劳动力致贫 9 户 27 人，占贫困人数的 14%；因残致贫 4 户 21 人，占贫困人数的 10.6%；缺土地致贫 6 户 34 人，占贫困人数的 17.2%；危房改造 41 户。2015 年脱贫 14 户 63 人；2016 年脱贫 9 户 44 人；2017 年脱贫 13 户 64 人，未脱贫 8 户 27 人，当前综合贫困发生率为 3.6%。

赤裸裸的数字，也让高政忠深刻地意识到，不仅要管理好村里各项事务，服务好百姓，更要想办法带领大家富起来，必须发展集体经济，壮大集体力量。2012 年，高政忠带领村"两委"干部调查收集新建村委会村情民意，并结合市场需要，看到了新建村发展的优势，决定发展养蜂产业。高政忠带领党员、干部成立保亭深山养蜂专业合作社，2015 年合作社收益 70 万元，带动贫困群众每户创收 5 000 元左右。

主要成效

通过加强班子建设，村"两委"干部服务群众、解决问题的能力明显提高。高政忠任职以来，带领"两委"干部多方协调，争取资金项目，落实各项民生工程。2015年以来，主持完成了新建村委会各村小组环村路的硬化工程、新建村委会新村桥项目工程；修复新建村委会新村二饮水坝头工程，解决了群众饮水问题；落实新建村委会各村小组污水治理工程，以及各村小组危房改造工程，解决了群众住房安全问题。通过"党群议事日"活动，群众投资投劳，配合保亭县文明办完成什芒果文明生态村建设。美化了村庄环境，改善了群众生产生活环境，成为先进卫生村。通过"三信三爱"活动，开展"四冬"工作，组织群众疏通水利渠道、清理公路杂草，为农田灌溉、冬种瓜菜提供了便利。

通过党支部积极引导发展特色产业，产业扶贫项目遍地开花。高政忠带领村"两委"干部积极组织定期开展养蜂技能培训，给农户免费发放蜂箱，以养蜂合作社为创收示范点，注册风鼓岭品牌商标，探索"互联网＋农业"电商模式，构建线上线下多渠道销售网格，将保亭深山养蜂专业合作社做大做强，带领百姓增加了收入。2016年4月，高政忠鼓励村"两委"干部带领群众用手艺致富，推广深山农产品，如新建村具有丰富的野生益智资源、红藤果产量高，引导群众利用资源，发挥产地优势，发展林下经济。村委会妇女主任带领6名党员、群众成立山兰米加工专业合作社。村支部委员、致富带头人盆德全，于2016年成立降真香加工专业合作社，2017年带动贫困户社员15户70人发展降真香加工产业，为贫困户提供就业岗位，实现脱贫致富。

经验与启发

"火车跑得快，全靠车头带。"村"两委"班子对提升基层党组织战斗力和农村发展能力至关重要。实践证明，一个好的班子，能带动一方发展、造福一方百姓。选什么样的人进村"两委"班子，不仅具有重要的导向作用，而且关系着班子强弱、工作好坏。

一个村子能否发展，关键在于党组织战斗堡垒作用和党员模范带头作用，村支部书记要不断学习，敢于担当，大胆创新，找对方法，团结协作。要找对路子，引导群众利用当地资源优势，抱团入社，发展产业。以一个党员干部对党、对群众最朴素、最真挚的情感，扛起乡村振兴的旗帜，带领群众走出一条致富的康庄大道。

·琼中县·

抓好支部建设　发展特色产业

——红毛镇草南村党支部书记、村委会主任王才精

人 物 名 片

王才精，黎族，男，生于 1981 年 1 月，2004 年加入中国共产党，大专学历。2010 年 9 月至今，任草南村党支部书记、村委会主任。2018 年 2 月被县委、县政府评为"2017 年度脱贫攻坚先进个人"。琼中县第十三届党代会代表。

村庄介绍

草南村委会位于红毛镇西南 162 千米处，由草南、草会、合老一、合老二 4 个自然村组成。总人口 205 户 748 人，其中劳动力 360 人，贫困人口 80 户 301 人（其中草会 17 户 55 人，草南 34 户 140 人，合老一 17 户 59 人，合老二 12 户 47 人）。耕地总面积 1 087.33 亩，其中，水田 443.53 亩、旱田 23.2 亩、旱地 620.6 亩。公益林面积 3 698.3 亩，商品林面积 972.1 亩。

草南村经济收入以农业为主，冬季瓜菜、种桑养蚕是特色产业，益智、槟榔、橡胶等种植面积占全村耕地面积的 65% 以上。全村从事种桑养蚕产业 25 户，种桑 136.9 亩，其中贫困户 10 户，种桑 50.11 亩，带动贫困户人均增收 500 元；全村从事冬季瓜菜种植户 59 户，目前全村冬季瓜菜种植面积 70 亩，其中 30 亩苦瓜成规模种植。2018 年，冬季瓜菜总产值 237 500 元，带动农民人均增收 2 317.5 元。2018 年全村农民人均收入 11 206.3 元。

2017 年 11 月，草南村委会被海南省美丽乡村建设领导小组评为"海南省三星级美丽乡村"；2018 年 2 月，草南村委会被县委、县政府评为"2017 年度脱贫攻坚先进单位"。

工作措施

抓好支部建设，改变软弱涣散

草南村党支部多年来存在党员年龄结构老化、学习教育落实不好、先锋模范意识不强等问题，被县委组织部列为 2016 年软弱涣散党支部。王才精同志结合"两学一做"学习教育加强支部党建设。一是制定制度上墙。从前草南村干部坐班管理不严，常有迟到早退，导致村民过来办事找不到人，且会议记录不全，工作管理混乱。为此，王才精制定草南村干部值班制度，与村"两委"干部一起坐班，公开接受党员群众监督，并严肃逢会必记的要求，分别设立党务、村务会议记录本，专人负责会议记录。通过工作制度制定完善，扭转了村干部往日的懒散工作风气，凝聚起村委会班子的力量，大大提高工作效率。二是加强党干群队伍建设。王才精将每月最后一周的周五作为党员集中学习日，带头开展讲党课、讲政策活动，将国家、省、县重要会议精神传达给党员干部群众。刚开始个别群众并不理解，觉得都是千篇一律的"官话"，常常有人抱怨。王才精了解到情况后，在课上以普通群众的视角解读政策实施后给百姓带来的改变，如教育保障让贫困学子有了继续接受教育的希望、医疗救助"七道防线"让农村患者敢于就医、危房改造补贴让困难群众也得到住房安全保障等，让群众从日常的衣食住行中感受到扶贫政策的重要意义和为群众带来的切实福利。王才精在课后还经常为大家讲述焦裕禄等优秀共产党员的事迹，他铿锵有力地说道："无私奉献是一名合格共产党员应有的品质，咱们村要实现两个现代化，脱贫致富奔小康，全村党员都是举旗手。"

抓好特色产业，带动村庄发展

村集体经济发展一直是草南村的薄弱点，王才精一直以来多方谋划，希望能够通过壮大村集体经济带动村民发展，全面调动村民勤劳致富、主动脱贫的意识，同时也让村委会能够更好地为村民服务，解决村民切身实际困难。一是组织抱团发展。针对村民生产资料不足、人多地少的情况，王才精通过整合多方资源抱团发展的方式来壮大集体产业。二是发展种桑养蚕特色产业。种桑养蚕是一项短平快项目，下种当年便可收获，且有公司专门负责收购，解决了最重要的销路问题。王才精认识到种桑养蚕的优越性后，带领村"两委"干部大力宣传，发动群众发展种桑养蚕。由于这是一项新兴产业，部分村民思想保守，不敢"吃螃蟹"。王才精对此说道："共产党员就要有敢为天下先的气魄。"他发动村内党员干部带头种桑养蚕，自己便先种了 10 亩桑叶。有他以身作则和村内党员干部带头，村民也纷纷加入。三是依靠集体力量扶困帮难。因高速公路爆破施工，合老一小组 16 户村民房顶瓦片滑落、屋顶开裂，王才精了解情况后，多方奔走，争取到上级领导和县各部门的支持，有效解决了赔偿问题，将赔偿金额从最初的 3.7 万元提高到 10.01 万元。2018 年，村内贫困户王国堂去世，家中困难得连丧事都难以筹备，王才精听说后，连夜组织"两委"干部讨论，第二天便发动全体党员为其捐助，帮助其渡过难关。困难家庭王运召、老党员吉莲香的手术费用，王才精在核实情况后带动全体村支部党员献爱心，帮助其渡过难关。2017 年接受国务院扶贫工作省际交叉考核时，草南村的扶贫工作和群众满意度均达 100%。四是开展村民文体活动。为丰富村民娱乐生活，开阔眼界，王才精带领村"两委"班子通过协调驻村周边企业，自筹资金 3 万多元，于 2018 年 1 月 2 日筹备开展了以"脱贫致富奔小康"为主题的村民趣味运动会，邀请全镇 11 个村委会代表参加，给脱贫户上台戴红花，树立脱贫光荣的理念，让脱贫群众接受全体村民监督。2018 年 6 月 15 日，会同县级帮扶单位，筹集 2.5 万元资金组织全村贫困群众和"两委"干部共计 99 人，在县域内学习堑对、鸭坡、水央、新林 4 个整村建设和产业发展有特色的村庄，现场教学拓宽村民眼界，提升自身发展动力。

主要成效

一是组织建设方面。每月王才精的讲课还有不少群众也过来听，在草南村掀起了跟党走，践行"两学一做"的风潮。2017年9月，王才精带领草南村党支部积极参加红毛镇党委"两学一做"知识竞赛，荣获竞赛第一名的好成绩。他在感言中提道："草南支部是一个大家庭，支部的荣誉就是全村党员的荣誉，我只是一个拿着火把带路的人。"

二是产业发展方面。2017年以来，草南村成立4个合作社，依靠省民宗委投入资金40万元、县民宗委投入70.8万元，购买种牛103头，成立3家养牛合作社，吸收全村73户贫困户抱团发展。借助县委组织部投入发展村集体产业的25万元资金和省民宗委协调企业投入的50万元赞助款，盘活海南骑域旅游文化投资有限公司于2014年在草南村投资建设的700万元房车营地，由村委会成立"缘起草南乡村旅游合作社"负责经营，吸纳贫困村民在家门口打工就业，该项目于2017年9月30日开张营业，目前项目盈利超过5万元。

2017年，草南村新建蚕房65间，新种桑496亩，全年养蚕16批，收获蚕茧

378.4 张，产值 62.23 万元，其中发展贫困户种桑养蚕 44 户，收获蚕茧 182.2 张，产值 29.43 万元。2018 年，全村共养蚕 17 批，收获蚕茧 39 419.5 斤，产值 71.5 万元，其中贫困户 44 户，收获蚕茧 18 476.5 斤，产值 33.6 万元。

经验与启发

村支部是党的一线战斗堡垒，在群众的眼中代表着党的先进形象，支部书记作为队伍的带头人更要做到率先垂范。要按照"五好"干部的要求，带领村干部精诚团结，共谋发展，始终坚持把党建工作作为各项工作的重中之重来落实，高标准，严要求，营造风清气正的工作环境。支部书记要以身作则，要求党员和村民做到的，自己带头做到；要求党员和村民不能做的，自己坚决不做。支部书记、党员干部要带头学习、带头发展、带头落实，才能带动群众团结一致发挥力量。

为民办实事是获得群众支持的绿色通道，群众的思想往往很单纯，只要真正扑下身子，帮助群众解决日常生活中遇到的具体困难，就会得到他们的真心认可。

敢啃硬骨头　解决民生问题

——什运乡什统村党支部书记、村委会主任王建龙

要走适合自己发展的道路

人 物 名 片

　　王建龙，男，黎族，1962年4月生，高中学历，2013年起担任什统村党支部书记、村委会主任，省六届人大代表。任职以来，王建龙团结带领全村党员，全心全意为群众办实事好事，在他的努力下，什统村在基层组织建设、村集体经济发展、农民致富及脱贫攻坚等方面都取得了一定的成绩。

村庄情况

什统村委会隶属琼中黎族苗族自治县，全村共有 454 户 1 706 人，其中贫困户 184 户 731 人，已脱贫 145 户 581 人。村"两委"干部 5 名，党员 76 名。

工作措施和成效

加强自身建设，解决民生问题

为进一步增强村党组织的战斗力，王建龙积极主动带领村"两委"成员到延安、贵州等地参加培训，带领村组长参加县委组织的脱贫政策知识学习，按期组织党员参加"三会一课"及主题党日活动，不断提高村干部服务群众的能力。积极为群众办好事实事，什统村王理成与妻子体弱多病，仅有儿子一人务农维持全家生活，屋漏偏逢连夜雨，王理成的妻子于 2017 年突发脑出血，高额的医疗费使这个原本就困难的家庭跌入低谷。为解决家里的困境，王理成的儿子外出务工，剩下王理成一个人照顾瘫痪在床的妻子。王建龙得知这个消息后，第一时间入户了解家庭情况，帮助王理成申请低保，王理成不识字，他就帮写申请书，王理成照顾妻子挪不开身，他就前前后后帮忙落实。2018 年 2 月，王理成顺利被纳为低保户，得到国家政策扶持，缓解不少生活压力。王建龙看到王理成一家还住在破旧漏雨的瓦房，他和村干部主动为王理成申请危房改造，使王理成的住房问题得到解决。在帮助困难群众方面，王建龙总是"一管到底"，直到困难群众生活好转，他才放心。

敢于啃硬骨头，抓经济促发展

一直以来，什统村经济收入主要依靠橡胶、水稻、瓜菜种植，收入水平相对偏低，且受山高路远的环境制约，多年来没有得到有效开发，村集体经济收入仅有不足 5 000 元的土地租金。集体经济十分薄弱，尤其是没有经营性收入，这也成为增强党组织服务能力的一大难题。2016 年开始，王建龙在各级党政部

门的大力扶持下，开始发展壮大村集体经济，带动贫困户脱贫致富。但在发展的道路上，并不总是一帆风顺的。在方青村、方满村的养牛项目刚开始筹建时，就遇到两块"硬骨头"，一是没有集体土地建牛舍，二是贫困户不愿加入合作社。为了解决没有集体土地的问题，王建龙翻山越岭查看有没有符合条件的个人土地，然后带着村里有权威的老支书一户一户地走访。为了解决贫困户不愿加入合作社的问题，王建龙联合驻村干部走村串户做村民思想工作，光是修改合作社协议就改了20多回。前后大约花了3个月的时间，终于把这两块"硬骨头"给啃下了。最后方青村的队长王朝宁和方满村的群众王理成无偿出让自家土地共4亩用于建设牛舍，两个村小组的全体村民则以每户2 000元资金入股加入合作社。

养牛合作社的顺利筹建，使王建龙发展壮大集体经济的信心更足了，他把目光投向更远处，希望能谋求更好的项目和更加优秀的致富带头人。在王建龙的不断寻找下，一个名叫王才发的村民出现在了王建龙的视野里。王才发在外成立了公司，长年从事建筑、农业等方面的经营，是什统村的"能人"。为了打动王才发返乡建设，王建龙"三顾茅庐"，终于以坚持不懈的精神、真心诚意的态度让王才发回乡创业。2016年，王才发被群众推选为村"两委"干部，他在什统村引进了罗氏沼虾养殖项目，建成占地面积约40亩的虾塘，目前养殖罗氏沼虾80万尾，预计国庆期间可上市，下半年将为村集体经济增收 7 000 元。

带头抢险救灾，积极主动作为

王建龙在面对群众生命和财产安全时，始终"勇当先锋、做好表率"。"那晚刮台风，风很大，雨也很大，我们一家人早早就睡了，没想到早上一觉醒来，发现整个房间都泡在泥水里，门窗也被外面的泥石流给堵上了。当时电话打不通，呼救也没人应，眼看着泥水越涨越高人就是出不去，我们都害怕极了，不知怎么办才好，就在这时，王建龙书记来了，是他带着党员救我们来了！"什统村村民王有朝回忆起当时的情景。

2016 年 8 月 18 日，台风"电母"席卷海南，是海南当年最强劲的暴风雨。王建龙牵挂着群众的安危，怎么也睡不好，他顾不上吃饭，把雨衣往身上一披就冲出了家门，狂风暴雨也阻挡不了他急切的心情。王建龙迅速组织了村组干部、年轻党员和民兵组成应急抢险队，分头赶赴各村查看灾情。当他了解到村边靠山住的王有朝家有被泥石流掩埋的危险，立刻带领党员们扛着锄头和铁铲直奔王有朝家。此时，王有朝屋后的泥石流已堆至窗户，如不排除，房屋随时都有坍塌的危险。时间就是生命，撤离是当务之急，王建龙来不及细想，立即和党员们把窗栏砍断，让王有朝一家撤离现场。险情解除后，王建龙带着党员们挨家挨户为群众清理淤泥，帮助群众恢复生产生活。

这场台风登陆期间，肆虐的风雨吞噬了大量的农田和水利，全村有多处地段出现了塌方、泥石流，道路毁了、通信断了、电也停了，但在王建龙和全体党员的努力下，全村群众无一人伤亡，安全度过了台风灾害。

坚持以身作则，严守纪律规矩

近年来，全国上下深入开展脱贫攻坚工作，什统村也不例外，贫困户个个都建起了新房，在国家政策的帮扶下脱贫致富。可是，村里却有个别不符合贫困标准的懒汉打起了"小九九"，千方百计地想当贫困户，王建龙的胞弟王建全就是其中一个。王建全私下多次向王建龙透露想当贫困户的想法，希望以此获得帮助，但王建全的家庭情况明显不符合纳入条件，面对弟弟的无理要求，王建龙坚定地说："这是以权谋私，况且我也没有这个权力，纵然有，我也坚决不会这么去做。"但是王建全并不死心，执意在民主评议时提出了申请，想在众多村民面前打"感情牌"让王建龙妥协，在场的村民都默不作声，就想看看王建龙是否还能保持一贯的公道正派。没想到，王建龙在会上第一个提出了反对意见，并将弟弟的家底翻了个底朝天，王建全当场羞愧不已，在场的村民们都对王建龙心服口服。正是凭着这一股子大公无私的劲，王建龙带领村组干部，联合上级单位，对全村农户逐一入户开展精准识别排查，确保不漏一户、不落一人，2018 年共排查出错评人员 10 户、符合低保人员 5 户，为真扶贫、扶真贫打下坚实的基础。

经验与启发

作为一名中共党员，作为一名党支部书记、村委会主任，要心系群众，兢兢业业，为老百姓排忧解难，始终如一地投入工作中，在这片热土上挥洒自己的热血，无怨无悔，用真心、真情、实干描绘着自己平淡又充实的人生。

·白沙县·

脱贫攻坚中的"领头羊"
——打安镇田表村党支部书记、村委会主任羊风极

人 物 名 片

羊风极，男，黎族，1962年1月生，1987年6月入党，高中学历，党的十九大代表、全国政协委员，白沙黎族自治县打安镇副镇长，打安镇田表村党支部书记、村委会主任。2014年被评为海南省劳动模范，2015年被评为全国劳动模范、海南省民族团结模范。

村庄情况

田表村委会隶属白沙县打安镇，下辖 6 个村小组，全村总人口 252 户 1 214 人，土地面积 16 平方千米。建档立卡贫困户 80 户 364 人，已脱贫 64 户 299 人，未脱贫 16 户 65 人。

工作措施

当带领群众脱贫的"领头羊"

羊风极 1998 年当选为田表村党支部书记时，田表村村民种植业较单一，即为传统的甘蔗和木薯种植，村民人均收入仅为 500 多元，甚至没有村集体经济。为改变群众贫困状况，他带领村"两委"挨家挨户鼓励村民种植橡胶，然而换来的却是村民们怀疑的态度："种橡胶需要几年才开割，不如种甘蔗来钱快。""我以前没种过橡胶，不懂怎么割胶怎么办？"面对质疑，羊风极一一耐心解释，在他广泛宣传橡胶所能带来的经济效益和示范带动下，田表村人吃下了"定心丸"，纷纷跟着他种植橡胶。如今全村橡胶总数达 19.4 万株，亩数达 5 891 亩，橡胶收入 715 万元以上，田表村人都尝到了橡胶带来的经济甜头。

羊风极深知，仅仅依赖橡胶产业并不能够满足村民的美好生活需求，必须整合资源、形成规模效益，走出有田表村特色的产业路子。2007 年开始，羊风极与回乡创业的黄金芳一起探索产业发展空间，利用橡胶林下空闲资源大力发展林下养殖业，带头组建了养鸡、养羊等 5 个专业合作社，吸引周边村民加入林下养殖发展经济队伍，经过 6 年的发展，合作社从最初的 2 000 只鸡，发展到拥有 2 万只鸡的规模，极大地拓宽了农民增收路径，也为发展村域特色产业奠定了基础。

脱贫攻坚战打响以来，羊风极主动担起肩上的重任，在他的办公室墙上挂着

《脱贫攻坚作战图》，详细记录着田表村每个村小组贫困户的分布情况以及脱贫目标。在日常工作中，羊风极时常带领扶贫工作队走访贫困户，关心贫困群众生活中的实际困难，调动他们勤劳致富奔小康的积极性，并带领贫困户发展黑山羊、五脚猪、火龙果等特色产业。2016年，田表村通过"专业合作社＋养殖大户＋贫困户"的产业模式精心打造黑山羊特色养殖产业，带动贫困户26户121人，年底实现分红29 700元；2017年建设了250平方米的五脚猪养殖基地，带动贫困户31户146人，实现分红25 400元；经实地调研后，羊风极还带领田表村民建设火龙果种植示范基地，带动贫困户65户286人发展火龙果种植业。同时借助农村淘宝、微信平台等帮助农户推销农产品，使田表村的扶贫产业持续健康发展。

当美丽乡村建设的"领头羊"

田表村民的经济条件日益改善，村里的基础设施建设却不能满足村民的生活需求。为了解决村里硬件问题，丰富群众的娱乐生活，羊风极忙前忙后，于2001年与党员干部、群众自行筹集共约15万元建成100多平方米的村级活动场所，2014年又积极争取白沙组织实施的"2013—2015年村级组织活动场所改造升级计划"，建成了多功能村级组织活动场所，为村民提供休闲、娱乐、学习等服务。如今，村民闲暇时最爱去的地方就是这里，大人们可以在树下乘凉、聊天，孩子们可以在灯光篮球场上打球，极其热闹。

2015年，时逢干旱季节，羊风极带领村"两委"干部临时架设用电线路，帮助农户抽水灌溉农田。田表村93名党员全体动手清理水利，仅用1天半时间便将长约3千米的灌溉渠碎石泥沙清理完毕，为村民解决农田灌溉抽水难题。他，就是这样用实际行动带领着田表村党员干部践行群众路线。

羊风极为村民所谋的福祉远不止这些，他任职村党支部书记以来村里最大的变化就是村民的住房和村庄环境得到了

极大的改善。羊风极明白自身能力毕竟有限，只有依靠政府的帮助和支持才是彻底改变村庄面貌的办法。于是，他以白沙县"美丽乡村"建设为契机，主动与政府部门、银行联系，为田表村争取"美丽乡村"建设资金，协调解决村民建房用地、贷款等困难。

当好基层战斗堡垒的"领头羊"

作为十九大代表，羊风极把宣传十九大精神作为一种责任，十九大召开以来，他赶赴各市县为广大干部和群众进行十九大精神宣讲总共 35 次 1.3 万人次，把广大干部和群众的思想和行动统一到党的十九大确定的各项任务上来，为社会的稳定发展和长治久安贡献力量。

作为支部书记，一是积极带领支委班子严格落实"三会一课"制度，持续推进"两学一做"学习教育制度化常态化，以"主题党日"活动为载体，组织带领支部党员累计学习 19 场次，开展十九大宣讲报告 1 场。二是根据制度要求在工作中积极发扬民主，凡涉及资金使用、人事安排等都经村党支部会议讨论，进行集体决策并签字盖章；对村党支部党建工作进一步细化，将党建材料和文件经过整理后分类归档，确保工作有据可依、有据可查。三是积极发展党员，培养后备力量。田表村共有党员 93 名，但大部分党员年龄偏高，文化水平偏低，面对这种情况，羊风极带领村"两委"班子积极在村里发展返乡大学生，2017 年发展年轻党员 1 名，培养入党积极分子 4 名，有效优化了村党员机构。

主要成效

羊风极用实际行动践行了一名共产党员的光荣使命，使田表村的老百姓安居乐业，经济收入蒸蒸日上。天道酬勤，他的亲民爱民、无私奉献换来了田表村日新月异的变化，如今的田表村呈一派红火忙碌的丰收景象，家家户户田里有水稻、地里有橡胶、林里有土鸡，不仅产业结构丰富，百姓的日子也越过越好，人均收入近 9 000 元。如今，田表村大部分村民都住进了一两层的小洋楼，村里也修起了干净整洁的村道，已是一个道路硬化、村庄绿化、卫生净化、环境优化的社会主义新农村。通过丰富党员学习教育形式，开展党支部规范化建设，发挥党支部战斗堡垒和党员先锋模范作用，增进党群鱼水关系，田表村党支部连续 5 年被评为白沙县"五星党支部"。

经验与启发

转变观念，勇于创新

田表村长期以来以传统农业为主，仅仅能解决温饱问题，而难以实现农民持续、稳定的增收以及经济社会协调发展。羊风极勇于探索新的发展路子，在鼓励群众种植橡胶有收益后，不满足于现状，积极探索发展林下经济，成立合作社带动群众发展，增加群众收入，提高经济效益。正是有一颗"不安分"的心，用实际行动调动群众的主观能动性，才能实现带领贫困群众发家致富的目标。

优化服务，勇于担当

基层组织活动场所，是组织开展党的活动、服务党员群众的基本阵地。羊风极积极主动，勇于担当，为田表村争取组织活动场所建设计划，确保党员活动正常化、增强党组织的凝聚力。注重村容村貌美化净化，为群众带来实实在在的整洁环境，进一步增进党群关系。

率先垂范，甘于奉献

通过宣讲领学提升党员群众思想认识水平，在开展基层组织工作中，强化组织建设，强化党员党性教育，提高党员综合素质，把培养合格党员作为重要使命，切实发挥党组织在思想引领上的作用，增强发展信心，推动全村党员群众形成上下一心、众志成城的局面，为助力打赢脱贫攻坚战打下坚实的基础。

后　记

激发贫困户内生动力，志智双扶是有效脱贫的关键之一。针对贫困群众"受穷不急、信心难立、脱贫无方"等问题，海南省扶贫开发领导小组决定，整合广播电视、远程教育站点、互联网、移动终端等资源，发挥媒体快捷、直观、群众喜闻乐见、教育面广等传播优势，开办海南省脱贫致富电视夜校。

2016 年 10 月，海南省脱贫致富电视夜校（以下简称"电视夜校"）工作推进小组成立，省领导任组长，省委组织部、省委宣传部、省扶贫办、海南广播电视大学、海南广播电视总台为副组长单位。电视夜校办公室设在海南广播电视大学，由海南广播电视大学党委书记任办公室主任。电视夜校采用"电视 + 夜校 + 服务热线"的模式，以快捷直观的教育方式，普及扶贫知识、提升脱贫能力、宣传诚信感恩，变"要我脱贫"为"我要脱贫"。电视夜校的同志在策划制作"电视夜校专题"的过程中，走访了大量的驻村第一书记、村党支部书记、农村致富带头人与贫困户、边缘户，被这些脱贫攻坚第一线的人们深深感动，在中共海南省委组织部、省扶贫办与各市县委组织部、扶贫办的支持下，编辑《海南脱贫攻坚与乡村振兴系列丛书》来记录"脱贫攻坚这一特殊时期做出特别贡献的人群"。该系列丛书最初想以通讯、报告文学等新闻类文体来写，后来经过反复考虑，决定以"案例"的形式来编写，一是能更为全面真实地再现"海南脱贫故事"；二是能增强系列丛书的史料性、探索性、可借鉴与可复制性。

电视夜校日常工作负责人曾纪军同志为系列丛书的策划与执行主编。系列丛书在忠实各市县提供的素材的基础上，不做任何艺术加工，只做文字与结构上的处理，按照案例写作的一般要求编撰而成；引用的数据及文字资料，截止到 2018 年底。

省委组织部组织二处的同志，从组织收集材料、撰写指导等方面做了大量的工作；各市县提供了大量鲜活感人的材料，在此深表感谢！

海南广播电视大学党委书记

2020 年 4 月 8 日